今どきの子どもはこう受け止めるんやで！

親と先生へ伝えたいこと

多賀一郎 著

黎明書房

はじめに

「子どものことが、よく分かりません。」
「子どもに、どう言ってあげたらよいのでしょうか。」
「子どもの心を受け止めるには、どうしたらいいのでしょう。」

こういう言葉を、保護者や先生たちから聞くことが増えました。巷にはあふれかえるほどの教育書がありますし、インターネットでさまざまな教育論が展開されています。しかし、なかなか目の前の子どもにぴったりと合う答えが見つかりません。それは、多くの本やサイトはそれぞれに正しいことを述べてはいるが、実際の子どもたちは千差万別で、書いてある例には、ぴったりと当てはまらないからです。

この本は学術書ではありません。ぼくが30年以上にわたって子どもたちと関わり、保護者のみなさんと話し合ってきた中で、実感として確かめたことをまとめています。

ぼく自身、何度も子どもの心を受け止めることに失敗しています。自分で気づいているだけでも、たくさんの子どもたちの思いを受け止め損ねてきました。そして、そのときの痛みを胸に抱えて、子どもたちから学び続けてきました。

今、子ども社会に不安が満ちている中で、子どもたちは、大人に自分たちをちゃんと受け止めてもらうことを、切に望んでいます。「わたしを、放っておかないで」と、心で叫んでいます。ところが、親も先生も受け止めようと努力するのに、なかなかうまくいきません。

今どきの子どもを理解し、子どもの思いを受け止める方法は、簡単なことではないけれども、確かにあります。教育に携わる親や先生たちに、どうしてもそのことを伝えていきたいという強い思いで、この本をまとめました。

この本は、最初から順番に読まなくてもかまいません。まず、ご自分のお子さんや教室の目の前の子どもたちについて、知りたいと思うタイトルのページから、読んでいってください。そして、時間ができたら、もう一度初めから順に読んでいくと、子どもについての全体像が見えてくると思います。

書くに当たっては、ぼくの語り口調をできるだけ大切にしました。ぼくと対話するような感じで読んでいただければ幸いです。

子どもを受け止める方法は、ちょっと視点を変えれば、誰にでもできることです。この本を読まれて、ご家庭で親子の、教室で先生と子どもたちの、本当の笑顔があふれるようになれば、こんなにうれしいことはありません。

多賀一郎

目次

目次

第5章　子どもに必要なものと、その作り方　113

序章

子どもは、こんな思いを持っている

1　『ねえママ』に見る、子どもの心の流れ

こやま峰子さんの絵本『ねえママ』（金の星社）は、幼い子どもの心の動きをくっきりと描き出しています。

朝、にっこり笑って起き出したゆりあちゃんは、パジャマのまま、「おはよう」と大人たちに言って回ります。でも、ママもパパもお姉ちゃんも、それぞれに忙しくて一言「おはよう」と返して終わりです。おばあちゃんだけが、「はやおきできて　いいこだね」と、

笑顔で頭をなでてくれるのです。

大人は確かに忙しいです。それぞれ仕事があって、朝からばたばたしています。子どももそんなことはよく分かっていて、大人のじゃまにならないようにしています。大切なのは、気を遣《つか》っている子どもに、大人が気づいているのか、ということなのです。

さて、ゆりあちゃんは、ママに買い物に行こうと誘われて、手をつないで出かけます。このママは、決して子どもをいいかげんに扱っているのではないのです。手をつないでお出かけするのですから。

でも、郵便局で番号札を取るのを楽しみにしていたゆりあちゃんなのに、ママがピッとボタンを押してしまいます。ママのじゃまにならないように離れて遊んでいたのに、「なにしてるの、心配するじゃないの」と、叱られてしまいます。こうして、小さなすれちがいが積み重なっていきます。よくあることですよね。

最後は、ゆりあちゃんの一番してほしかったことにママが気づくのですが、実際はこの話のようにはいきません。

「ねえ、ママ……」と言いかけては言葉を引っ込めてしまう多くの子どもの思いは、受け止められないままに、一日が過ぎていくのです。

2　ママのためにしたことなのに……

子どもがお手伝いしようと思ってすることが、かえって大人の迷惑になることは、よくあります。大人は心の余裕のあるときは、面倒なことでも、子どもにさせてあげて待つことができます。

ところが、忙しくなってくると、子どものすることが、イライラにつながってきます。子どもたちは、お手伝いをしたくてたまりません。けれども、それはかえってじゃまになるものです。そして、大人は「あっちへ行っていなさい」とか「じゃましないで」という言葉を子どもたちに投げつけてしまうのです。子どもたちは、「ママのためにしたのに……」「先生、そうじゃないのよ……」という哀《かな》しい思いを心にしまいこんでいきます。

世の中がのびやかで、里山へ入ったり、小川で遊んだりできる時代ならば、自然が子どもたちのそういう思いを受け止めてくれました。おじいちゃんおばあちゃんと同居したり、近所のおじさんおばさんたちが声をかけてくれたりしていた時代ならば、子どもの思いは、ゆったりとどこかで受け止められていました。

子どもの思いが受け止められにくい時代なのです。

でも、今は、そういうことの少ない時代に入っています。外で自由に子どもが遊ぶことは、安全上で問題があります。核家族の増加・社会コミュニティの崩壊などで、子どもを育ててくれる大人が減ってきました。

このような時代では、子どもの思いは受け止めてもらえないままになっていくのです。意識して、子どもの思いを受け止めましょう。そのために、親も先生もちょっと心を動かしましょう。子どもたちは、大人に受け止めてもらうことを求めているのです。

第1章
「子どもは、小さな人間なんやで」
―まず、子どもって何なのでしょうか？―

「子どもは、小さな人間なんやで」

この言葉は、もうお亡くなりになりましたが、ぼくが心から敬愛する岡田崇先生（元神戸市立小学校長、元兵庫県小学校国語研究連盟理事長）に教わった言葉です。

「多賀さん、よくなあ、子ども理解、子ども理解って言うやろ。違うねんで。子どもは小さな人間なんやで。人間理解と言うべきなんや。」

子どもを見るときは、一人の人間として見るべきです。

確かに大人は、子どもを単純にレベルが少し下の者だと見がちです。見下したり、叱りつけたりします。「うるさい」「黙ってなさい」「あっちへ行ってなさい」等という言葉をときどき使いますが、大人相手にならば、決して使わない言葉です。もし使ったら、ケンカになりますね。

ぼくは、岡田先生から「子どもを見るときは、一人の人間として見るべきだ」と教えられて以来、上から目線で子どもを見るのではなく、一個の人間として、見つめるように努力してきました。

そうしたら、少しずつ、いろんなことが見えてきたような気がしています。

1　年齢によって子どもを見ましょう

さて、その「小さな人間」である子どもは、発達段階によって、大きく違うものです。やはり、年齢に応じて、接し方や教育の仕方等を考えていかねばなりません。当たり前ですよね。3歳の子と14歳の子どもが同じはずはありません。同じことをしても、意味が違ってきますよね。3歳の子どもが若い女性に「おっぱいちょうだい」と言っても笑えますが、

14歳の男の子がそんなこと言ったら怖《こわ》いですよね。

年齢に応じた子どもの姿とその受け止め方を考えていきましょう。

ただし、どの学年においても、10歳になったら、全員が10歳のレベルになるなんてことは、あり得ませんね。必ず個人差というものがあることを、頭に置きましょう。

2　どの年齢の子どもにも通じることがあります

一方、年齢とは関係なく、多くの子どもたちに共通していることがあります。

社会の影響を受けやすいこと、親子関係の悪い子どもは人間関係がうまく構築できないこと、まだ純粋で素直な心を持っていること、等々。

こうした面は、どの発達段階においても共通したものとして、考えていけることだと思います。

3　何歳までが子どもですか？

では、何歳から何歳までが、子どもなのでしょうか。

この線引きも、とても難しいのです。親から見れば、自分の子どもは、いくつになっても「子ども」だし、20歳になったら全員が子どもを卒業するわけでもありません。

ここでは、親や教師が教育できる年齢までを「子ども」というふうに考えて、話を進めていきましょう。

①　幼児期に必要な母性愛

幼児期の子どもたちに必要なのは、大人に甘えきることです。甘えさせるというときに、母性が必要になるのです。なぜお母さんと言わずに大人というかというと、お父さんでも「母性」を出してくれれば、いいからです。ただし、両親で母性ばかり出していたのでは、子どもはまともに育ちにくいです。

子どもがのびやかに育つには、父性と母性の両輪が必要なのですから。母性とは、簡単に言うと、子どもを黙って抱きしめたり、子どものお世話をしたり、子どもを甘えさせたりするようなことで、多くは母親の属性だとされています。

幼児には、母性愛が必要です。

最近は、どうもお父さんが母性ばかり出しすぎて、家庭に父性のなくなったところが増えているのが気になりますが……。

甘えが足りないとき、子どもは、いつも落ち着かず、不安な感覚を持ち続けることになります。ぼくはよく「後ろ髪を引かれた状態」だと言いますが、甘え足りない子どもたちは、いつも不安定で切れやすくなります。お母さんからなかなか離れられません。その状態の子どもをお母さんから無理に離そうとすると、もっと不安になるものです。

子どもが不安になっていることが分かったときには、膝に置いて絵本を読んであげると、とても甘えられた気分になって、落ち着きます。落ち着いた子どもは、すっと前に歩き出します。後ろは、もう振り返りません。絵本を読んであげることは、けっこう万能薬なのです。

また、この時期の子どもたちは、まだ、十分に表現できる力を持っていません。つたない表現をします。言葉足らずなんです。つたない表現をする子どもだからといって、軽く見ないことです。

ぼくが3歳くらいのとき、近所のおばちゃんが

「ぼく、あんよ、じょうずやね。」

と言ってくださったのに、

「大人のくせに、足のこと、あんよやて。」

と言ったらしいです。とんでもないやつですよね。

まあ、そういうこまっしゃくれた子どもはともかくとして、小さい子どものつたない表現を、大人は笑いますよね。かわいく思って笑います。でも、その笑いを幼子は、どう感じているのでしょうか。心の底に、「からかわれた」「適当に扱われた」そんな思いだけが残っていかないでしょうか。

この頃の子どもは言葉の力が弱いぶん、顔色や態度から人の気持ちをぱっと感覚的につかむ力に、たけているんですよ。言葉を持たない彼等にとっては、それが死活問題になるのですからね。

だから、子どもをバカにしたような笑いには、敏感に反応します。子どもをよく見ていたら、表情が変わるのが分かりますよ。

子どもをからかったり、バカにしたりすると、子どもは大人を信じなくなります。

子どもをからかったり、子どもの言うことを笑いとばす大人がいますが、これは実は、子どもとの信頼関係を損ねる行為だと思っています。教師でも、親でも、同じです。もちろん大人がしてもおかしい言動は、笑っていいのです。でも、大人だと笑われないのに、子どもだから笑われるというのは、よくないんですね。

『星の王子様』（サン・テグジュペリ）は、みなさんご存知の話だと思います。子どもの言葉には深い意味があるということを、この物語を使って説明しましょう。

主人公の「ぼく」が子どものときに、帽子のような絵を大人に見せて、「こわいか」とたずねると、「どうして帽子がこわいの」と、大人は答えます。それは、「ぼく」に言わせると、ボア（うわばみ）がゾウを飲み込んだ図なのだそうです。

そんなことは子どもの他愛のない想像だと、物語の中で大人たちは言います。でも、子どもは、そういう発想の中で生きているのだという本質を、この話は物語っているのです。

さらに、この本で、「ぼく」はこう言います。

「大人というものは、自分たちだけでは決して何も分からないから、子どもはいつもいつも説明しなくてはならず、全くいやになる……。」

子どもの心は、深くて大きいんですよ。子どもの表現には、必ずその子なりの意味があるのだということです。小さい子の未熟な表現を、大人は、笑ってはいけません。

②「ひみつ」「ないしょ」は、自我の現れです

まずは、低学年を考えてみましょう。幼児期と同じで、子どものすることには、全てその子なりの意味があります。低学年であろうとも、その子なりに何かを考えて行動しています。

でも、その行動が、なかなか大人の常識に合わないことも多いのです。

「どうしてそんなことをしたのかな。」

と、たずねると、その子なりの意味があって、とても感心することもあります。

子どものしたことだけでなく、なぜそうしたのかという背景を読み取ってあげないと、子どもたちのことは理解できません。

ところで、低学年の子どもって、勢いよく泣くものですね。自分の心にブレーキをかけられないので、わあっと泣いてしまって、そのまま下まで一気に落ち込んで、その勢いで上に上がっていきます。つまり、立ち直りが早いのです。「いま泣いた子どもが、もう笑った」というのは、この時期の子どもの持つすばらしさですね。

ブレーキをかけずに落ち込むのは、子どもの力なのです。

大人に近づけば近づくほど、こうはいきません。心にブレーキをかけてがまんしながら、ゆっくりと落ち込んでいきます。そして、底まで落ちたときには、もう、上に上がるパワーがなくなってしまっているものです。

だから、大人は、落ち込みが長引くのです。

子どもはすぐに立ち直ります。もちろん、個人差があって、ＰＴＳＤ（心的外傷後ストレス障害）などのきつい子どもは、なかなか立ち直れませんが。

例えば、心に強いショックを受けた子どもは、落ち着いたように見えていても、ちょっとしたことをきっかけにして、すぐにそのショックな出来事を思い出して動けなくなることがあります。また、震災等の心がぼろぼろになるほどの強い衝撃を受けた子どもは、そこから立ち直るのに強いストレスがかかって、なかなか立ち直ることができなくなるものなのです。

また、この時期の子どもは、よく「ひみつ」と言います。大したことじゃないんですが、「ひみつ」なんです。「ないしょ」とも言いますね。

これは、自我の現れなんです。

自我というのは、自分と他人とが区別できることです。他人と一緒の感覚なら、「ひみつ」なんてあり得ません。自分と他人だから「ひみつ」が成立するのです。

「ひみつ」とか「ないしょ」とか言い出したら、成長だととらえてあげましょう。

③ ９歳の壁は、確かにあります

次は、中学年です。ここは、大きな変革期だと言われています。心理学には、いろんな会派があって、考え方がそれぞれ違っています。そのいろんな会派が、みんな９歳のところに大きな転換期があると言っています。必ずと言っていいほど、そこで発達段階の線引きがされているのです。９歳に何かがあるということですね。よく言われるのが、具体から抽象へと移る時期だということです。なんだか分かりにくい言葉ですね、具体と抽象って。ものすごく簡単に言うと、目に見えるものが具体、目には見えないものが抽象です。

９歳までの子どもたちには、目に見えないことは、よく分かりません。花、犬、机、ハンカチ、走る、笑う等、見えることしか、分かりません。それが、９歳を超える頃になってくると、しだいに、目に見えない概念みたいなものが、分かるようになってきます。

さわやか、ブルー、思いやり、心遣い、すがすがしさ、反省、ぬくもり、友情等。実は、目に見えないものこそが、人間にとってもっとも大切なものなのですね。目に見えないのだから、それが分かるためには、言葉を使うしかありません。

言葉で目に見えないものごとを理解し始める時期だということです。だから、この時期の国語学習はとても大切なんです。

ぼくは新卒で神戸大学の附属住吉小学校に赴任して、帰国子女学級を受け持ちました。そこで附属の先生たちと研究をしたとき、多くの先生方が同じことを感じていました。

それは、3年生の前に帰ってきた子どもは日本語になじめるが、3年生を終えて帰ってきた子どもは、なかなか日本語になじめないということです。もちろん、現地の学校へ入っていた子どもの場合です。

目に見えないことを考えるときは、言葉で考えるのですが、たぶんその言葉が日本語か外国語かで、決定的な違いがでるのでしょうね。

3年生というのは、それぐらい大切な時期なんですよ。本当は、最高の教師を担任に持ってこないといけない時期なんです。

心の話に入っていきましょう。

この時期の子どもたちは、他人の悪口ばかり言います。それが自然です。なんにも他人の批判を言わない子どものほうが心配です。「人のことばっかり、言いなさんな」と、ぼくも叱ることがありましたが、他人のことばかりが見えてくるものなんですよ、この時期は。

中学年は、他人のことばかりしか見えないものです。

このとき、人の文句や悪口の言い方を考えさせることが必要です。

例えば、子どもはよく「みんなが、いじめてきた」というような言い方をします。みんなのはずがないでしょう。そこで、誰と誰がいじめてきたのか、その人数をはっきりと語らせるのです。きちんと数えたら二人しかいなかった、というのがだいたいのところでしょう。

ぼくは、こう言います。

「みんなか？　みんなというと、先生も入るのかな？　先生は君をいじめてないよ。」

すると、

「先生は入ってない。」

と否定します。

「じゃあ、井上君は？　吉田君は？　吉村くんは？」

と、絶対にそういうことをしないであろう子どもの名前を出して、たずねます。そうやって追求していって、誰と誰と誰の三人だけであることを、はっきりさせます。

これって、重要なんですよ。三人にいじめられたことを「みんな」と言うのは、事実に反しているだけではなく、精神的にもみんなからやられたという心の負担になってしまいます。「なんだ。本当は三人だけの話だったんだな。」なんて思ってくれたら、心は軽くなります。

もちろん、その三人について話をきちんとつけていかねば、子どもの信頼は得られません。

中学年の子どもは基本的に前しか見ていなくて、振り返って自分の反省をするなんて、できないものです。ぼくはいつも3年生の保護者会では、こう言います。

「この時期の子どもの反省は、サルの反省だと思っていてください。反省というかっこうだけするけど、本当に心から反省できないんです。」

それで、他人をきちんと見るトレーニングをしていけば、高学年以上になって、自分を振り返ることのできる時期が来ると、そのきちんと事実を見る目で、自分のことを見ることができるようになるのです。

これこそ、本当の反省になりますね。そのときのために、中学年で、他人のことをきちんと見られるようにしましょう。

④ 嵐の思春期は、バランスが悪い

高学年から中学校にかけて、子どもたちはいわゆる思春期に入っていきます。思春期って、いったい何なのでしょうか。

５年生になったら、「ハイ、今から思春期です」なんてことは、ありません。でも、中学生になれば、ほとんどが思春期に入っていると考えてもいいのです。

いつどこから思春期に入るのかは、人さまざまです。しかも、今から思春期だ、などというはっきりとした境界はありません。

思春期とは、子どもから大人へと変わっていく途中の時期だと考えています。思春期に入ってくると、体の変化が起こってきます。第二次性徴というものですね。体が変わるから心が変化していくのか、心が変化して体が変わっていくのかは、卵と鶏《にわとり》みたいなもので、どちらが先とは言えません。ともかく、思春期には体の変化が起こってくるのです。体が変化するというのは、大人にはもう分からない感覚なのですが、すごく不安なものなのです。例えば、背が急に伸びると、目の高さも当然高くなります。見える物が急に増えて視野が広がるのですから、なんとなく不安な気持ちになるものです。

思春期には、ホルモンの分泌もさかんになります。身長だけでなく、ありとあらゆる体の部分が成長を始めるのです。体がざわざわとうごめいているようなものですから、なんだか落ち着かないでしょうね。

思春期とは、落ち着かない時期なのです。

思春期の子どもは、自立しようともがきます。大人から自立しようとする子どもというものは、かわいげがありません。自分から離れようとするわけですから、大人の側からはうれしいことではありません。でも、子どもたちからすると、大人の話なんて、まともに聞くほうがおかしいのです。大人の側にひと工夫がないと、この時期の子どもたちは話を聞いてくれません。

大人から離れようとする時期だけれども、まだ大人になりきれていないのです。べったりと大人に依存してくることもあります。甘えてくるかと思っていたら、また突然、大人びたことを言い出したり、逆らったりして、自立しようとします。そういうことを繰り返すからこそ、思春期なのですね。大人にすれば、その態度に腹が立ちます。でも、そういう状態なのだと分かってあげましょう。

人間はまっすぐ直線的に成長したりはしないものです。でこぼこと、アップダウンを繰り返しながら成長する子どもたちを、見守ってやりたいものです。

さて、この時期の子どもたちは、先ほど述べたように、とても不安定です。ちょっとしたことで、かなり動揺します。感受性も強くなってきていますから、我々が思いもよらないことで、心理的な動揺をしている場合があるのです。

女の子の初潮は、ぼくの知っている範囲では、小学1年生から始まった場合もあります。女の子の背が急に伸びたら、その可能性を考えておくべきでしょう。初潮の時期は、感受性が強くなっているのですから、そういう子どもたちに対して、性を連想させるような下ネタは厳禁です。（いつの場合でも、下ネタで子どもの心をつかむことはできませんが。）男子の精通が始まるのは、ほとんど中学校くらいからでしょう。

変化の兆候は、見落とさないことです。

こうして体が変化するにつれて、当然男女の意識が高くなってきます。

フロイトという人は、全ての衝動を性衝動だと解釈しましたが、今の心理学はそんな狭いことではとらえていません。なんでも性衝動が原因だということは、ないのです。性衝動も含めて、思春期には、激しい衝動が起こっていると考えるのが妥当でしょう。第二次性徴に入ると、肉体の変化が出てくると言いました。それは、はっきりとした形であるかは分からない。特に小学生の場合は、ちょっとした動きに現れてくる場合があるのです。

男の子が鏡を見るようになったり、あごに手をやるような動作を見せるときは、皮膚が厚くなり始めているという可能性があります。皮膚がまず厚くなって、それからヒゲが生えてくるのですね。それを感じ始めているということです。思春期のサインですね。

体毛も生えてきます。それはとても異常に感じることで、気になることなのです。精通なんか起こったら、なんとか親に隠そうと必死になります。

ところで、思春期の男の子の性欲って、すごいんですよ。それをうまくコントロールさせないと、妙な形で出てきてしまいます。その強い衝動を、エネルギーを、どんな形で消化しているかを見ていかないといけません。

それから、女の子が棚から物を取るときなどに妙な動きをしたら、体型が変化しかけている可能性があります。胸がふくらみ始めているのです。腕が胸をかばうような動きをするのです。本人が意識しなくても体の変化は起こっていくのですよ。身近な大人が気を付けなければいけないのは、こういう時期の女の子への言葉です。ものすごく敏感で、動揺しやすくて、不安定になっている子どもに、冗談でも「おっぱい大きくなってきたな」などと男性が言ったら、とんでもないトラウマになるおそれもあります。実際、それによって、一生、男性恐怖症になった女性もいるそうです。

大人は思春期の子どもに対して、性的な言葉は慎重に慎重を期して出さねばなりません。というか、そういう言葉を発してはいけないのです。

思春期というものをさらに深く考えていきましょう。まず、個人差ということ。さっきも話したように、5年生の子どもたちが三十人並んでいたら、ほとんどが思春期だ、ということまではないけれども、5年生の女の子は、多くが思春期に入っていると考えていたほうがいいでしょう。男子は遅いのです。二年くらいの差があると言われていますが、家庭の状況や兄姉の有無によっても変わります。

結局は、一人ひとりの子どもをよく見るということでしか、これは分からないものです。

また、思春期の子どもは、本当に「不安定」です。自分たちでもどうにもならないくらいに、ちょっとしたことで落ち込んだり、大したことではないようなことで悩みます。これに、今は、携帯が拍車をかけます。

携帯は危険なものだと認識しましょう。

ぼくは、夜、子どもたちに自由に携帯を持たせておくことは、ひじょうに危険なことであると考えています。

子どもたちは夜中に自分の部屋で、一人自由にメールやチャットやラインをするのです。ネット上の言葉は、子どもたちの心にストレートにひびきます。ちゃんとしたネチケット教育を受けていない子どもたちは、友だちの心にぐさぐさと言葉を投げ入れます。無防備にその言葉を受けた子どもたちが大きく動揺します。

夜な夜な、そういうことが繰り返されていると思っていたほうがいいですね。ぼくの知っている6年生は、日々、寝不足ですよ。

思春期くらいになってきたら、携帯について大人をごまかすなんて平っちゃらです。大人よりも子どもたちのほうがシステムに詳しいのだ、ということを忘れてはいけません。

「メールの履歴を調べたけれども、どこにもメールなんかしていませんでした。」

ぼくに「いけないメールを送っている」と指摘された親御さんが、そんなことを言っていましたが、笑わせますね。今の子が、証拠となるメールを残しておくはずがありません。大人に片足をつっこんでいるやっかいな相手なんですよ、思春期の子どもたちは。

一方で、思春期の子どもたちと言っても、本当に幼いなと思うときもあります。そのくせ、言葉だけは一人前です。そのことに大人はとまどい、振り回されそうになります。

大切なのは、大人が平常心を持って、子どもに接するということです。決して子どもと同じレベルで騒いではいけません。

最大の問題は、反抗・反発です。

思春期は自立しようとするのですから、そのじゃまだと感じる大人に対して、反抗したり、反発したりするのは、当たり前でしょう。ここでも、子どもと同じレベルにならないことが大切です。

ちょっと距離をおいて子どもに接することが、この時期には一番よいのです。熱血指導なんて、子どもたちは嫌がります。大人の人格を持ち始めているのだから、土足でどんどん入ってこられるのは、苦痛なんですね。

子どもをよく観察して、なんかおかしいなと思ったら、横に並んで声をかけるのがいいと思います。真正面から行くと、だいたい失敗します。

昔のことです。６年生の女の子が、なんだかクラスから浮いている感じで、つまらなそうにしていました。ぼくは、全校朝会が終わって、教室へ向かって一人で歩いている女の子の横を歩きながら、顔を見ないようにして
「お前、学校、楽しいか。」

と、聞きました。びっくりしたようにぼくの顔を見た後、その子は、

「あんまり。」

と言いました。こういうときの「あんまり」は、「全然楽しくない」と同じ意味です。ぼくが
「先生にできることがあったら、言ってな。」

と言うと、

「うん。」

と、こちらも見ずに返事をしました。

それから、その子を活かせる場を作るのに苦労はしましたが、一人でいることもなくなり、表情が和らいできたとき、また、同じように
「学校楽しいか。」

と、聞きました。すると、にこっと笑って「うん」と答えました。

卒業式のとき、その子はぼくに
「一番苦しいときに、手をさしのべてくれて、ありがとうございます。」

と、言ってくれました。

横に並んでかける一言が、それほど子どもの心にひびくことがあるのです。

第2章　子どもを受け止め損なうときがあります

子どもを一度受け止め損なったら、なかなか取り戻せません。親子の場合は、決定的とまではいかないのですが、子どもとの関係は難しくなります。教師の場合は、受け止め損なった一度のことが、決定的な関係崩壊につながることもあります。

1　背景を見失ったとき

「子どもというものは、背景を必ず頭に置いて見なさい」と、若い先生たちに教えています。

背景には二通りがあって、教師の側から見れば、子どもの育ってきた家庭環境、地域の環境、兄弟関係などがあげられます。

親の側から見れば、学校での生活が背景になります。

幼稚園、学校では、一つの社会が作られています。子どもたちは、その中で暮らしています。そこをふまえて見ていかないと、子どもの苦労も理解できません。

子どもなりに、幼稚園や学校という社会で苦労しているのです。

例えば、子ども同士でもめたとき、おうちの方はときどき「もうあんな子、相手しなさんな。放っておきなさい」と教えます。もちろん、そうするべきときもあって、ぼくも場合によっては、子どもたちに「放っておきなさい」と言うこともありました。

でも、そんな単純にはいかないこともあるのです。「放っておきなさい」なんて言うのは、子どもの学校での背景を見ないで正論だけを吐いている、無責任な言葉だと、ぼくは思います。

子どもは子どもなりに、幼稚園や学校という社会の中で苦労しているんだ、という視点を持ってください。そういう無責任な大人の言葉が、いじめを助長してしまうこともあるのですよ。

2　子どもを信じられなくなったとき

◆「悪さをする子を、どう信じたらいいの？」◆

自分の子どものすることが、信じられないときがあります。教師として、子どもを信じられなくなるときもあります。

何度言っても同じことを繰り返す。ウソばかりつく。意地悪をする。

もう自分の子どもと思いたくないときだってあります。そんな感情はあってもいいんです。我々は、神様にはなれません。人間なのです。

ただ、保護者の方が、

「もう、うちの子どもが信じられないんです。」

等とおっしゃるとき、ぼくは、こう言います。

「信じましょう。この子の将来を。きっとすてきな大人になってくれますよ。お母さんが信じなくなったら、誰がこの子を信じてくれるんですか。」

子どもを信じるというのは、将来を信じるということです。

喫煙が止められない中学生に指導をした先生がいました。こんこんと誠実に話をして、その子も涙を流して「先生、もう俺は二度とタバコを吸わない」と、誓いました。そして、その先生が行ってしまうと、ポケットからタバコを出して吸い始めてしまいました。

これは、裏切りととらえればそうかも知れませんが、このタバコは、それまでのタバコと違って、吸う度に心の傷むタバコなんですよ。その傷みが、たとえタバコが止められなかったとしても、人間としての彼の成長に大きく影響するのです。

子どもを信じるというとき、何を信じるかということがポイントです。今の姿だけでは信じきれないことって、ありませんか。

卒業させたある学年の子どもたち。一人ひとりとは仲よくて、いろんな悩みを聞いて、さまざまなアドバイスをしました。

いじめのようなことは、比較的少ないすてきな子どもたちなのですが、行儀が悪くて、態度が悪くて、他の先生たちに謝ってばかりでした。有終の美を飾ろうと言って子どもたちに働きかけても、聞く耳持たず、自分たちさえ楽しければいいという感じでした。何度もくじけそうになりました。

でも、子どもたちは、最高の笑顔で卒業していきました。ぼくと一緒に泣きました。一番ごんただった子どもと、もっとも手のかかった子どもが、泣きじゃくりました。

これでいいのかな、と、今は思っています。ぼくのまいた種は、いつかこの子どもたちの心の中で育まれて芽吹いてくる、それを信じようと思っています。

子どもを信じるとは、今、目の前の行為だけを信じることではありません。子どもを信じるというのは、将来の子どもの変容を信じると言うことです。

「悪い言動＝信じられない」のではありません。

3　感情的になったとき

◆「つい、かっとして……」◆

子どもと同じ土俵にあがって、子どもとまともにやり合う方がいらっしゃいます。ぼくも、ときどきしてしまいます。でも、大人なんだから、子どもと同じ土俵に乗らないほうがいいと思うのです。

子どもと同じ土俵に乗らないこと。

何か注意したとき、子どもがそれに口答えしてくる。「今、しようと思ってたのに……」というふうに。その口答えに、また腹を立てて、「うそばっかり言いなさんな」とか、「いつもそんなこと言って、したことないでしょ」と、やり返す。すると、子どもがまた、「お母さんは、いつもそう言う。今度はほんとうにそうしようと思ってたのに」と、やり返す。するとまた、お母さんが言い返す、……。

そんなことは、ありませんか。これを「同じ土俵に乗る」と言うのです。

子どもが「今、しようと思ってた」って言ったら、

「ああ、そうなんだ。よかったあ。」

と言い切ってしまったら、子どもは、しなければならなくなると思いませんか。

4　子どもあつかいしたとき

◆「子どもは、深く広く考えているんやで」◆

子どもを子どもあつかいするというのは、例えば、大人同士で子どもの前で他人の話をしたときに、子どもが口をはさんできたら、

「あなたは、黙ってなさい。子どもは大人の言うことに口をはさまないで。」

なんて言ってしまうことです。

そんなこと言うんだったら、子どもの前でその話をしなければいいと思いますね。

子どもたちは、大人と一緒に会話しているとき、子どもの立場で参加しているわけではありません。大人と同じようにまじめに考えながら聞いているのだと、思ってください。

5 「分かっている」と思いこんだとき

◆「子どもは、日々、成長しているよ」◆

子どもは、日々、成長しています。自分の子どもであっても、よく見ておかないと、変化がつかめません。

神戸の街を震撼《しんかん》させた児童殺傷事件が起きたとき、犯人が中学2年生だと知って、親たちは驚きました。その頃、同じ学年の子どもによる事件が相次ぎました。ちょうど、うちの娘が同い年でした。同じ年頃の子どもを持つ親たちが、みんな、自分の子どもに不安を持ちました、特にお父さんたちが。「うちの子は大丈夫かな」と心配しました。改めて我が子を見てみたら、よく分からなくなったからです。

当たり前です。ずっと見続けているからこそ、子どもの変化がつかめるのであって、日々、ちゃんと見ていなければ、子どものことは分かりません。

子どもをよく見ましょう。手をかけるよりも、目をかけることが大切です。

6 「笑い」を読み違えたとき

◆「いじめられている子どもは、笑ってごまかすときがある」◆

また、いじめの問題が大きくクローズアップされています。こういうときに必ずと言っていいほど出てくるのが、

「遊びでやった。」

「ふざけているつもりだった。」

という加害者の言葉と、いじめを受けていた子どもも「笑っていた」という、周囲（子どもたち、親、教師）からの言葉であります。

遊びだった、ただのおふざけだったと主張している加害者たちは、笑うでしょう。だって、楽しいのですから。人をおとしめることに、哀しいかな、快感を持っているのですから。彼等は、自分たちの行為が相手を傷つけていることなど、よく分かっているのです。自分自身や周囲の大人たちを欺《あざむ》く言葉が、「おふざけ」「遊び」という卑劣《ひれつ》な言葉なのだと思っています。

読み違えやすいのは、いじめられている子どもの「笑い」です。

人間には、プライドがあります。

駅のプラットホームで発車直前に駆け込もうとして、目の前でドアを閉められた方を、見かけたことがありますか?

ほとんどの場合、この方は、照れたような笑いを浮かべて、周囲を見ないようにして、その場から少し離れます。電車や車掌に悪態をついたり、ドアをがんがん叩《たた》く方は、あまりいらっしゃいませんね。

人は、恥ずかしいときには、笑ってごまかそうとするものなのです。もっと言うと、「何ともないよ」というふうに笑うことで、自分自身をも、笑ってごまかそうとするものなのです。

いじめられている子どもにも、似たような心理があります。その子たちは、やり返すこともできない、こんな連中の言いなりになる自分に対して、強く「恥」を感じています。

だから、笑うことで、周囲に対して「大したことないよ」と、アピールしたり、自分の気持ちさえもごまかそうとしたりするのです。

さらに、いじめられている子どもの笑いには、もう一つの意味があります。

いじめられている子どもは、その事実をそのまま自分の中に取り込むと苦しいので、別のストーリーを心の中で組み立てます。例えば「この自分をいじめている連中は、こういう形でしか自分のストレスを発散できないかわいそうな連中だ。だから、俺が犠牲になってやっているんだ」等というストーリーです。

それは自分のプライドを守るための苦いストーリーです。少しの間なら、これでやっていけるでしょうが、そのうちに行き詰まります。行き詰まって笑えなくなったとき、最後の手段を選んでしまうのでしょうか。

本物の笑いと、皮相な笑いを見極めましょう。

こうした笑いの見極めは、それほど難しいことではありません。事実と笑いをつなげて考えれば分かることだと、ぼくは思います。

何人かの子どもたちにこづかれて服もぼろぼろになっている子どもが笑っていたら、心の底からの楽しい笑いのはずがありません。

例えば、五人の大きな男の子に両手両足を持たれて女子トイレに投げ込まれようとしている小さな子どもを見たとき、たとえ全員が（その子も）笑っていたとしても、本人が「大丈夫だ」と言ったとしても、見えた事実そのものが「いじめ」そのものですよね。

いじめは、事実をとらえていれば、少しは分かります。事実を正しく見ることさえできれば、子どもの笑いや「大丈夫だよ」という言葉に惑わされずに、いじめをつかむことができます。

「笑っていたから、いじめだと思わなかった。」

というのは、大人の言い訳に過ぎないと、ぼくは思っています。

第3章 子どもの本音を聞き取れていますか

1 今の子どもは、昔とは違うのでしょうか

◆「今どきの若いもんは……」昔からずっと言い続けられてきた言葉◆

今どきの子どもは、昔の子どもたちと比べて、変わってきたのでしょうか。

今から、20年前も、「最近、子どもが変わってきた」と言っていました。昔も今も、そう言われ続けてきました。いつの世でも、「今どきの若いもんは……」と、年寄りは言うものです。

それでは、もっとも「若いもん」である今どきの子どもは、昔と比べて変わってきたのでしょうか。

ぼくは、「変わってきた」と、思います。昔というのをどこに設定するのかは、難しいことですが、少なくとも、ぼくが教師になってから今までの32年間で、子どもは明らかに変わってきたと思っています。

だいたい、こういう言い方をするときは、「悪くなった」という意味ですね。

ちょうど15年ほど前の神戸児童殺傷事件、いわゆる酒鬼薔薇《さかきばら》事件の頃から、「ふつうの子どもたち」が問題を起こしたという報道が増えたような気がします。

それまでは荒れる子どもたちというのは、いわゆる「不良」というレッテルを貼られた子どもたちが多かったのです。生活もすさんだ子どもたちが、多くいました。

今は、家庭的にも恵まれている子どもたちが、大きな問題を起こすようになりました。ホームレス狩り、同級生殺傷事件、家族を焼き殺した事件等々。生活環境の悪くない子どもたちの起こした事件です。

その頃から、いわゆる「ふつうの子どもたち」が荒れ始めたと感じています。

どんな家庭の子どもたちでも、荒れる可能性があるのです。

だから、ニュースなどでよく、「いい子だったのに」とか「どうしてこういう家庭の子どもがこんなことを」とか「あの子がそんなことするとは、信じられません」といった言葉が流れるようになりました。

つまり、「荒れ」のユニバーサルデザイン化が始まったわけですね。どんな家庭のどんな子どもでも、みんな、荒れたことをする可能性のある時代に、突入したと考えています。そんな極端な非行は別としても、明らかに子どもたちが変わったなあと思われることが、起こるようになりました。

例えば、新学期になると入ってくる1年生は宇宙人？　といったことが言われるようになったのは、15年くらい前からです。

1年生の初日はさすがにおとなしいけれども、2日目から、教室に先生と子どもたちだけになったとたんに、立ち歩く、さわぐ状態です。先生の言うことを素直に聞く1年生が減ってきたのです。

1年生プロブレムというテーマを掲げて、指導が難しくなった1年生の子どもたちをどうするかということに取り組んでいる地域もあります。これは、「担任の教師が、もっとぴしっと厳しく指導しなさい」といった、精神論だけでやれる問題ではないのです。

今の1年生をスタートからうまく育てていくには、それなりの具体的な手だてが必要なのです。

それから、ピア・プレッシャーという恐ろしい状態が、思春期の子どもたちを席巻しています。これについては、4節「特に今の子どもにだけ強い傾向」の④「不安でいっぱい」のところで詳しく述べます。

また、よく言われるモンスター・ペアレント（以下、「MP」で表す）。ひどい方もいらっしゃいますし、ミニMPに気づかずになっていらっしゃる保護者の方も、多くなっています。

先生の側が、親からのクレームに対して過敏になりすぎていて、ただの要望がMPにとられている場合もあります。それを避けるには、クレームのつけ方が大事ですね。連絡帳にいきなり文句を書くと、若い先生たちは、それだけでびびってしまいます。

最初に、ひと言書くといいのですよ。「この間はご丁寧なお返事、ありがとうございました。」とか、「いつもお世話になっています。」とか。それだけで、「うわっ、文句がきたっ」という先生のかまえがなくなります。

学校の側も、変わってきました。「親と親しくなるな。距離を置け」と、先生たちは言われます。一理はあるのです。保護者と親しくなると、あれこれ言われかねません。実際、保護者にメールアドレスを教えたために、トラブルに巻き込まれたという例もあります。

今は難しい時代ですからね。そして、ぎすぎすした時代でもあります。本当に子どものことを考えたら、親と先生がタッグを組んで子どもを後ろから支えていくのが一番なのに、双方が距離を置かなければならなくなっています。

このように、親、社会、学校現場、みんな変わってきています。そういう中で育つ子どもたちが変わってくるのは、当たり前のことなのです。

2　昔から変わらない子どもの姿

一方、昔から変わらない子どもの姿というものもあります。

例えば、素直というのは、子どもの宝物です。素直に物事を見て、素直に感じたことを表現できる、本来は子どもとは、そういうものです。何年経っても、それは変わりませんでした。一見、素直じゃないように見えても、子どもは素直なんですよ。

1年生の子どもの話です。自分の好きなことしかしないので、宿題をさせるのも、ひと苦労。キッチンに座らせてさせるだけで、ふた苦労。おまけに、がんこなので、お母さんが横について教えても、なかなか分かってくれません。いらいらして叱りながら、時間をかけて、他の子なら15分でできそうな宿題を、1時間半かけて、やっと終わったということがありました。

くたくたになったお母さんがたたずんでいると、自分の部屋にもどりかけてドアを開け、さっと振り返った子どもが、

「いつも、つきあってくれて、ありがとう。」

と、言ったそうです。

こんな素直な子どもの話を聞くと、ぼくは、子どもってすてきだなあと、思わされるのです。

3　社会の変化に応じて変わるのが人間

今の社会を見ていると、イライラの募ることや、不満や不安などが充満しています。

原発の問題、消費税のこと、政治の停滞、デフレに災害。なんだか、前向きに一生懸命努力していくというムードになりにくいですよね。

そういう社会状況を敏感に感じ取っていくのが、子どもです。したがって、今の子どもたちは、基本的に不安やイライラを持って暮らしているということです。そして、そのイライラを発散しながら過ごしています。ある意味、社会に適応しているのです。

4　特に今の子どもにだけ強い傾向

さて、今どきの子どもたちに強く見かけられることについて、これから語っていきます。

①　セルフエステーム（自己肯定感）の欠如《けつじょ》

まずは、セルフエステームというもののなさです。セルフエステームとは何かというと、「自己肯定感」のことで、自分のことを信頼しているという気持ちのことです。「自己肯定」なんて言うと、なんだか難しいことに感じるでしょう。反対語は、「自己否定」です。そう言えば、分かりやすいんじゃないですか。

セルフエステームとは、「自己否定」と、真逆のことを言います。

子どもというのは、元来、セルフエステームを持っているものなんです。

幼稚園や低学年の頃は、自分は何でもできると思っています。根拠なんてありません。

ただ、自分の可能性を信じ切っているのです。それが、本来の子どもの姿なのです。

なのに、今の子どもたちは、それがとても弱いのです。なぜかというと、失敗の体験とそれを克服する体験が少ないからだと、ぼくは思っています。

子どもが失敗しそうになると、親が手を出してやめさせたり、失敗するのが分かっていることは、初めから説得したり注意したりして、させようとしないという親が増えています。いや、先生だってそうです。前もっての予防ばかり考えて、子どもの失敗をにこにこと見ていてあげるという余裕のある大人が、減ってきました。

卒業生と話していたら、

「ぼくら、『そんなにケンカしたかったら、気の済むまでケンカしとけ』って言われて、放課後残され、へとへとになるまでケンカさせられた。」

と言って二人で笑っていました。

今どき、そんなことしたら、「教師が暴力放置」などと言われて、大問題になりかねません。

失敗があるから、成功の値打ちが高まるのです。

失敗しないようにさせる。なんでもうまくいくように手を出す。そんなことを繰り返していたら、自分で「やった」とか「できた」とかいう成功感など、感じられるはずがありません。

子どもには、失敗して再挑戦したり、考えたりする時間をあげましょう。行き詰まったらそのときに、相談にのってあげればいいのです。そのときには、「……しなさい」ではなくて、「……してみたら、どうかな」というアドバイスの仕方でいきましょう。

そして、子どもが成功したら、「やれば、できるじゃないの」とか、「さすがね」とか、「あなたなら、大丈夫だと思っていた」というような言葉をかけてやると、セルフエステームが高まります。

子どもが失敗したときは、「ほらみてごらんなさい。ママの言ったとおりでしょ」「先生は君が失敗すると思っていた」なんて言ってはいけませんね。自己否定が強まるだけです。「その程度の失敗なんて、どうっちゅうことはない」という態度でいてあげましょう。「また再チャレンジしてみたらいいじゃないの」と、言ってあげましょう。

そして、自分で考えて自分で失敗したということの値打ちを認めてあげましょう。

「たとえ今回失敗したとしても、あなたが一生懸命に考えたことは、すばらしいと思うよ。」

と、言ってあげましょう。

ほめてばかりでもセルフエステームは育ちません。知っていただきたいのは、「認める」という考え方です。子どものすることを、考え方を、努力を、認めてあげましょう。

②　ウソをつき切る

この頃の子どもたちの特徴として、ウソをつき切ってしまう、ということがあります。

昔は、ウソをついたら、顔に「ウソです」と書いてありました。

「誰がやったんだ？」

と聞くと、みんな否定するんだけど、やった子の顔には「ぼくがやりました」と書いてありました。

まいちゃん（仮名）の上靴がないというので、２年生の子どもたち全員にさがさせました。この子が隠したんじゃないかなと思っていたよりちゃん（仮名）の後をさりげなくついていくと、よりちゃんは、まっすぐ教師用の靴箱のところへ行って、ためらいも選ぶこともせずに、一人の先生の靴箱のふたを開けて、中から、まいちゃんの上靴を出して、「ありました」と、言いました。

丸分かりですよね。20年ほど前の子どもたちって、そんなに分かりやすかったのです。

今の子どもは、顔を見ていても、ウソが見抜けません。


今は、違います。

ウソをつき切る子どもたちが増えてきました。完全な証拠を示さないと、シラを切り通します。表情を見ても、分かりにくくなりました。


こんなことが、よくあります。他の子どもたちの話から、A君が悪いことをしたと確信を持ったときです。めったに「君がやったんだね」と決めつけないぼくが「君がやったんだね」と、口にしたのに、

「ぼくは、やっていません。知りません。」

なんて、A君は、シラを切りました。

「そうか。じゃあ、B君やC君は、ウソをついているんやな。」

「それは知りませんが、ぼくは、やっていません。」

（この「それは知りませんが」という言葉で、はっきりと分かります。自分がウソをついているから、本当のことを言う友人を否定しきれないのです。）

「ふうん。だったら、ＢとＣを叱らないといけないなあ。君を陥れようとしたんだから。」

ふつうは、だいたい、この辺りで、

「すみません。ぼくがやりました。」

と、言うものです。

でも、中には根性のある子どもがいて、それでもシラを切ります。

こちらは、勝負に出ているわけですから、そこで引くわけにはいきません。

「分かった。じゃあ、Ｂ君とＣ君のうちと、君のうちに手紙を書きます。Ｂ君とＣ君はこう言っていますが、Ａ君は、二人がウソをついていると言います。おうちでは、どのように考えられますか。という手紙を書くから、君のお父さんに渡して、お返事をもらってきてくれ。後から、手紙を渡すから、もう行っていいよ。」

と、突き放しました。

そこでようやく、「ごめんなさい。ぼくがやりました」と、なりました。

その後、ぼくにぼろくそに叱られるのですが、なぜ強く叱るかというと、悪いことをしたときにウソをつくと、こんなにひどい目に合うんだと心に残したいからなんです。素直に「ごめんなさい」と謝ることも、教えないといけませんね。

③　実体験の少なさ

今の子どもたちは、口は達者で、ませてはいますが、実体験にとぼしいです。それは、ただ単に自然の体験がないというようなことではなく、家の外で一人で過ごすという体験が圧倒的に少ないのです。

今どき、学校から帰る途中で山の中へ入って夜まで帰ってこないなんて子どもも、絶対にいませんよね。危ない、危ない。そんな時代ではありません。

公園も、外から見えるように木を伐採《ばっさい》します。これは、神戸事件以来、そうなってきたのです。子どもをいつも大人から見えるところにいさせたいという、社会のニーズからです。仕方ないことなのですが、これでは、子どもたちは、一人でこそこそするという体験ができません。子どもというのは、一人や二人でこそこそ何かをやるものなんです。基地を作ったり、木の上に巣を作ったり。そんなことは今どき、できませんよね。

その結果、生きる力が弱くなるのも、当然です。

子どもたちは、一人でいたい、仲間とだけでいたい。それが本音です。いつも親がそばで見ている状態なんて、子どもにとっては、少しもうれしいことではありません。

そして、子どもたちは、悔しかったり、残念だったりする体験が少なくなってきています。親ができるだけそういうことをなくそうと努力するからです。

「悔しい」や「残念」という思いを大切にしましょう。

1年生の最初のプールで、泳げない子どもがいます。水泳教室に通う何人かの子どもたちは、すいすいと泳いでいます。

すると、とたんに、「水泳教室に行ったほうがいいですか」と尋ねてくるおうちの方が出てこられます。

算数の九九のできる子どもがいたら、「うちも塾に通わせないといけませんか」と悩まれます。

できなくて悔しい思いをしたり、がっかりしたりという貴重な体験を大事にしないのです。人生は、失敗や失望の連続です。絶望させてはいけませんが、子どもの頃に失望ぐらいは、ときどきしたほうがよいのです。

骨の折れたところは、治ったら以前よりも強くなるというのが、人間の仕組みです。つまずきは、致命傷にならない程度には、あったほうがいいのです。

④　不安でいっぱい

さて、今どきの子どもたちには、不安な子どもが多いのです。それがなぜかは、お話ししました。その不安を増長するのは、おうちの方の態度なのです。

おどおどした、子どもらしくない表情の子どもが増えてきました。どこかぴりぴりしていて、ちょっとしたことできれる子どももいます。

○　育児不安が子どもに伝わる

今の親御さんも、何かにつけて不安です。心にゆとりがありません。ぼくは全国の公立の小中学校の先生たちとも交流がありますが、みなさん、同じように感じています。

原因はたくさんあるのです。

前にも述べた社会的な不安がその一つです。それから、核家族になってしまって、おじいちゃん、おばあちゃんとの同居が少なくなりました。おじいちゃん、おばあちゃん的な子どもへの接し方が学べません。ちょっとあずけて出掛けることもできなくなっています。さらに、情報の氾濫《はんらん》です。ネット、テレビ、本などから、あふれかえる子育ての情報。これが、不安をいだかせます。実は子育てというのはシンプルなものなのに、変にいろんな考え方に触れて、迷ってしまいます。

◯ピア・プレッシャーの恐怖

さて、高学年から中学校の子どもたちの多くが、「自分は悪いと思っていても、そのことをしなければハブられる」といった気持ちで、毎日、暮らしています。「ハブられる」というのは、「省く」ことをされる、つまり、自分だけ仲間はずれにされる、ということです。

ピア・プレッシャーという言葉を、聞かれたことはありますか。

簡単に言うと、ピア・プレッシャーとは、みんなと同じことをしなければ怖いという感覚です。ピアは「仲間」、プレッシャーは「圧力」ですね。仲間から、直接言われなくても、感じてしまうプレッシャー。思春期の子どもたちは、特にこのピア・プレッシャーを受けやすいのです。それは、仲間の中で自分がどう見られているかということが、とても気になるからなんです。

いじめに加わる、行ってはいけないと言われている所へ行く、万引きとかもそうです。よくないことと分かっていても、みんなと同じようにしなかったら、自分がやられるんじゃないか。そういう圧力を受けて、悩みます。「仲間を大事にしなさい」「人と変わったことをしなさんな」——親がそんなことを言って子どもを育てていた場合、よけいにピア・プレッシャーを受けやすい子どもに育つこともあります。

大人がよく子どもに言うのは、

「そんなつまらない人たちは、相手にしないようにしなさい。」

とか、

「それをしなかったら仲間になれないのだったら、ならなくていいじゃないの。」

とかいった、仲間を否定して、そこから離れさせようとする言葉です。

それは、間違っていません。人間としては、正しいのです。

正しいことを言っていても、子どもの苦しみは解決しません。

でも、正しいからこそ、その通りにできない子どもは苦しむんだということも、知ってあげてほしいです。

学校に行った子どもに、親は口出しできないのです。高学年から中学生になるにつれて、どんな目にあっていても、親には伝わらないし、分かってあげられないのだということを認識するべきです。

「親は、分かってくれない」そう思わせたら、子どもは、ますます何も話さなくなります。

「親や先生に言えたら苦労しない」という思いを持った子どもたちがたくさんいるということは、知っておいたほうがいいでしょう。

5 「よい子」の苦しみを知っていますか

「よい子」は苦しんでいるという話をしましょう。

よい子とは、大人にとって都合のよい子のことです。こういう子どもは、大人の顔色をうかがって生きていく癖がついています。そして、「よい子」でいるために努力します。

よい子はいつもプレッシャーがかかり、ストレスを持ってしまいます。

「自分は、失敗ができない」

「私には、悪いことはできないんだ」

そういうストレスを抱えながら生活していると、しんどいだろうと思いませんか。

子どもは、いたずらをするものなんですから。失敗や不祥事を繰り返して育っていくものなんです。


ある学年を受け持ったときに、子どもたちが学級の目標として掲げたのが、「先生によって態度を変えない」ということでした。びっくりしました。そんな目標、見たことがありません。要するに、これまでは担任の先生が怖かったから、先生の前ではよい子でいて、他の先生のときに手を抜いていたということですね。

そんなよい子は、不自然です。

自然なよい子と、不自然なよい子がいます。

すごくお利口さんにしている子どもがいました。でも、表情は、いつも先生の顔色をうかがっていました。自然な「よい子」だったらいいのですが、こういう不自然なよい子は、ダメです。心が曲がって育っていきます。

ぼくが担任してから数ヵ月でいたずらやごんたをするようになりました。

「君は、この頃、悪もんやなあ。」

って言うと、にやりと笑って

「そうだもーん。」

なんて言っていました。

こんな子どもは、陰に隠れてのいじめなんてしないものです。

ぼくは、不自然な「よい子」を見つけたら、よく観察していきます。チャンスは必ずあります。つい悪いことをして、それをごまかそうとするようなことがあるのです、子どもだから。

子どもだから、ちゃんと見ていれば、そういう機会はいつかおとずれるものなのです。その機会を逃さないことが、大切なのです。

叱られても、関係が壊れるわけではないと、伝えましょう。

事実をつかまえたら、きちんと叱ります。叱られたことのない「よい子」は、それだけでパニックに近い状態になることもあるから、気を付けないといけません。また、叱られることに慣れていないため、叱られたら、自分の人生が終わってしまうような感覚に陥ったり、先生や親との関係が崩れてしまうと思いこんだりするものなんです。

叱った後、笑顔でフォローします。

「悪いことは悪いこと。あなたと先生の関係には、なんにも影響しないよ。」

とのメッセージを伝えることが大事なんです。すると、安心するんですよ。

「人間は、悪いことしたり、よいことしたりして、考えながら成長していくんだよ。」

と、伝えるのです。

叱った次の日も大事だし、そのことをおうちの方にどう伝えるかも、大事なポイントです。親に伝えないほうがうまくいく場合もあるのですが、基本的に親は子どものことはちゃんと知っておくべきであるとぼくは考えているので、話します。

以前、いつも「よい子」を演じていた子どもがしてしまった悪いことをお母さんに伝えたら、そのお母さんは、すぐに学校へとんで来られました。

弟がごんたで、弟のことでしょっちゅう学校へ来ていたお母さんでした。姉のことで来るのは、懇談以外では初めてでした。

「あなたのお母さんが、あなたのことで学校へとんで来ることも、あるんだよ。」

と言うと、その子はにっこりと笑ったんです。

「よい子」を演じながら、「よい子」でない姿にあこがれるような気持ちもあるということです。人間は複雑な生き物です。

大人にとって都合の「よい子」が心配だとすれば、どんな子どもが心配ないかと言うと、仲間にとって「いいやつ」だと、ぼくは考えています。

よい子は、ふつうの子どもたち（ふつうの子なんていないとは思っていますが、一般的な意味で）よりも、ずうっと「よい子でいるための労力」を使っています。

教室に宿題の提出物のチェック表を貼りだしたら、たくさんたまっている子は、もうあきらめて

「どうせやっても間に合わないから、やめた。」

となります。（ぼくはそういうことはしません。教室に子どものマイナスなことが書いてあるものをずっと残しておくのがイヤだから。）

一方、提出物が完璧に近い子どもほど、その表が気になって、いつも提出しなければならないというプレッシャーがかかります。

成績のよい子どものほうが、点数のプレッシャーがかかりやすいのです。

テストで良い点を取り続けている子どもが、返された答案を書き直して「先生、採点間違ってますよ」と、持ってくることがあります。特に起こりやすいのは、後2点で90点の大台にのる、とかいうときなんです。

これはよく考えてみると、しごく当たり前のことであります。シティーマラソンでプレッシャーがかかるのは、市民ランナーではなくて、オリンピック候補選手のほうでしょう。

期待に応えないと、という心理もあるのでしょうね。

子どもはそんなこと考えないで、もっと伸びやかに育ってほしいなあ。そう思っています。

第4章 子どもの心をこう受け止めましょう
―受け止め方は、人それぞれであってよい―

人の心は不思議なものです。自分の心なのに、自分でもどうにもならないときがあります。

ぼくはときどき、子どもたちにこう言います。

ころころ変わるから、こころ。

「ころころ変わるから、こころって言うんだよ。人の心は、ころころ変わるものなんだ。

君の心も、変わるときがあるよ、今ではなくても。」

そうです。「ころころ変わるのが心」なんです。

心のコントロールは難しいものです。自分の心を簡単にコントロールできる人なんて、めったにいないでしょう。でも、ぼくは思うのですが、簡単に心がコントロールできたら、逆におもしろくありません。

自分の中にある、人への思い。ねたみ、怒り、悲しみ、あこがれ、好き、嫌い、いろいろあって、思うようにいかないから、人生はおもしろいのでしょう。

なんでこんな元々の心の話をするかというと、最初に述べた「子ども理解ではなく、人間理解だ」ということを、もう一度思い返してほしいからです。

子どもは、小さな人間。つたなく未熟だけれども、一人の人間なのです。子どもを受け止めるということは、人間を受け止めることでもあるのです。

「子どものことが分からなくなってきました」という言葉を、中学年以上のお母さんから聞くことがあります。

それは、たぶん、違います。

分からなくなってきたのではなくて、ぼくに言わせると、初めから分かっていなかったのです。自分の都合のいいように、子どもを見ていただけなのです。

ここからは、子どもの受け止め方について、いろいろ述べていきます。先に言っておきますが、全部取り入れてはいけません。

どんなにおいしいものであっても、松茸《まつたけ》ご飯にカレーをかけて、その上に鯛の活け造りを乗せて、トリュフとパルメザンチーズと大人のふりかけをかけたら、絶対にまずいでしょう。

こういう話を聞いたときに気を付けないといけないのは、全部取り入れてしまって、消化不良を起こすことです。

自分の性格や家庭状況や子どもの性格などと照らし合わせながら、「うちの場合は、このやり方が合いそうだ」というふうに考えましょう。

子どもの心の受け止め方は、人それぞれであってよいのです。

1　まずは、受け皿づくりから

◆子どもとの関係は、大人がつくっていく◆

人は、話の内容がいいから聞いてくれるというものではありません。

基本的に、話を聞くのは、相手との関係によって決まるのです。相手の心の中に、その人に対する「受け皿」があれば、話は通じます。

「受け皿」とは、信頼関係のことです。

「受け皿」とは、信頼関係のことです。どうやって子どもに「受け皿」をつくるか、という話をしていきましょう。

まず、親子で考えてみましょう。親子だからといって初めから「受け皿」があるわけでもありません。親子なんだから分かってくれるはずだというのは、親の勝手な思いこみです。親子だというだけで信頼関係が築けるわけではありません。

子どもとの関係は、大人の側からつくってあげないといけません。子どもからつくるのは、はっきり言って、ほとんど無理です。子どもとの関係づくりの責任は、全て大人にあります。

人と仲よくなるのに、みなさんはまず、何をなさいますか。まず、挨拶《あいさつ》でしょう。挨拶できないと、次の一歩が踏み出しにくいですね。親子でも、挨拶からなんです。

それから、さらに仲よくなるために、どうなさいますか。相手のことを根掘《ねほ》り葉掘《はほ》りたずねますか。

「あなたはどんな人ですか。何が好きですか。趣味は。生い立ちは。今の収入は。恋人はいますか。住んでいるところは……。」

というように。

うっとうしいですよ。絶対に嫌われますね、その人に。これを「根掘り葉掘り聞く」と言います。

子どもが帰ってきたとき、いきなり、今日はどうだったのか、何か変わったことはないか、宿題はどのくらいあるのか、今日は先生に叱られなかったか等と「根掘り葉掘り」聞いていませんか。

もししていたら、まずそこで関係を損ねています。

根掘り葉掘り聞くのではなく、子どもに語らせましょう。

では、どうしたらいいのでしょう。

まずスタートは、自分のことを語ることですね。たくさんはだめですよ。ちょっとだけです。たくさん聞かされると、子どもも、うんざりしてきます。

それから、子どもが語り出したら、一生懸命に子どもの話を聞くことです。自分だけが一方的に話すのは、まず、拒否されますね。

子どもとの関係の悪いお母さんは、ほとんどがしゃべりすぎです。ご自分では気づいていらっしゃらないんですが、よくしゃべります。子どもの考えも代わりに言ってあげたりします。

他人から見たら、とっても滑稽《こっけい》なんですが、ご自分では、それが当たり前になっていますから、そのおかしさに気がつきません。子どもの話すべきことを、お母さんがみんな話してしまうのです。ひどいときには、子どもの気持ちまで、勝手にぺらぺら話してしまう方もいらっしゃいます。

「遠足で、また迷惑かけてきたんと違うでしょうね。」

「するべきことをしなさいよ。しんどいとかいう言い訳は、聞かないよ。」

また、知人に出会ったときに、子どもに向かってこんなふうに言う方がいらっしゃいます。

「挨拶しなさい。もっと、ちゃんと。そんな挨拶の仕方でいいと思ってるの。」

「そんな言い方したら、人が気分悪いでしょ。相手の気持ちも考えなさい。」

こういう方は、自分の子どもの中に受け皿を作ることはできません。子どもはうるさいなと思っても、叱られるから、仕方なしに「いいえ」とか「はい」とか「分かった」とか言っているだけで、お母さんの言葉は心に全く届いていません。それよりも、人前でこれをされたら、子どものプライドは傷つきますよね。

自分がしゃべり続けることよりも、子どもの話をひたすら聞くことが大事です。自分が一生懸命にしゃべってはいけません。

ただ、本当に難しいなと思うのは、手をとめて向き合って聞くことも大事だけれど、思春期に近づいた子どもたちには、聞き流すという聞き方も、必要なんだということなのです。聞き方にも、絶対はないんですよね。

子どもが楽になる聞き方をしましょう。

思春期の子どもに向き合って話すときには、人生の重要な話だけにして。ちょっとした出来事の会話は、何か用事をしながら聞いていてもいいんですよ。そのほうが、子どもも楽なんです。

さらに、受け皿をつくっていくためには、言葉を発するタイミングも大切です。どんなによい言葉でも、タイミング悪く出された言葉は、子どもの心に受け皿をつくりません。例えば、暑い日ざしの中を、子どもが学校からくたくたになって帰ってきた、そのときの親からの第一声が、

「ランドセル、ちゃんと置いたの。」

「お弁当箱を台所に出しておかないと、洗いませんよ。」

「先に宿題をしてしまいなさい。」

そんな言葉だったら、子どもはどう思うでしょうか。

ぼくだったら、

「帰ってくる早々、他に言うことはないのか。」

とか、

「あせだくで帰ってきてるのに、それはないんちゃうの。」

などと思いますね。

言葉をかけるタイミングが大事です。

最初の言葉は、

「お疲れ様。」

とか、

「今日は暑いから大変だったでしょう。」

といった言葉がよいでしょう。

そして、一息入れてから、

「ランドセルを片づけておいてね。」

と言うべきです。

2　聞くことがなければ、始まらない

きちんと「聞く」とは、どういうことでしょうか。

何かをしていても手をとめて、目を見て、一生懸命「聞く」ことです。途中で口をはさまないで聞くことです。それが「きちんと聞く」ということです。

子どもの言葉を、きちんと聞けていますか。

「この子は、何が言いたいのかな。」と、耳を傾けるのです。特に、じっと目を見て。

子どもたちは、恐ろしいほど、集中して話すことができません。話している途中でも、すぐに気持ちが散ってしまいます。できれば、手を握って聞くようにしましょう。そうすれば、気がそれないし、子どもも手のぬくもりを感じながら、話すことができるからです。

聞くことについては、自著の『全員を聞く子どもにする教室の作り方』（黎明書房）に

詳しく書いているので、よろしければご覧ください。

3　聞くのは、言葉だけではない

◆ノンバーバル・コミュニケーション◆

バーバルとは、「言語」「言葉」を表します。ノンは、否定。つまり、「ノンバーバル・コミュニケーション」とは、「言葉を使わないコミュニケーション」ということです。

例えば、ウィンク。これは言葉ではありませんが、相手に好意を持っていることを伝える言葉のようなものですね。また、ウィンクの仕方によっては、合図にも使えます。「そろそろやろうか」「いくぞ」というような合図です。日本語で言うと「目配せ」です。

言葉を使わないで、相手に気持ちを伝えたり、サインを送ったりする。それが、ノンバーバル・コミュニケーションです。

なぜ、ノンバーバル・コミュニケーションが大事なのでしょうか。

それは、幼い子どもたちは、まだ十分に言葉を使えないので、言葉以外のものでコミュニケーションしようとしているからなのです。

仕事の関係で家族一緒に外国へ移った人がいました。

引っ越しの片づけをしている間に、1年生の子どもは、外へ遊びに行ってしまいました。かなり経ってから、帰ってきた子どもが、

「あー、楽しかった。となりのオランドくんと遊んできたよ。オランドくん、おもしろいんだあ。」

と言うのです。

お母さんがオランド君のうちにお礼の電話をかけて、その後、子ども同士に電話を替わりました。ところが、全くコミュニケーションができなくて、息子もオランドくんも困ってしまったそうです。

「おかしいなあ。あんなに話が合ったのに。」

と、子どもがぼやいたそうです。

これは、子どもたちが言葉以外でコミュニケーションをとっていたということの現れです。電話になったとたんに、言葉だけのコミュニケーションになったために、話が全く通じなくなったのです。

子どもとノンバーバル・コミュニケーションをとりましょう。そうすれば、子どもの思いが伝わってきます。

こうしたノンバーバル・コミュニケーションには、どんなものがあるでしょうか。

○ＨＵＧ（ハグ）…ぎゅっと子どもを抱きしめること

子どもを抱きしめるというのも、心を通わせる一つの手段です。というか、最大のコミュニケーションと言ってもよいのです。小さな子どもたちには、とても大切なコミュニケーションです。

ジェズ・オールバラの『ぎゅっ』（原題『ＨＵＧ』徳間書店）という絵本があります。文章はなくて、ひたすら動物たちの表情だけで語っている絵本です。

簡単にまとめると、チンパンジーのジョジョは、ぎゅっとママに抱きしめてほしいだけだったのです、という単純なストーリーなのですが、チンパンジーの表情がかわいく、なんとも言えず抱きしめたくなるすてきな絵本です。赤ちゃんが産まれたお祝いに、よくプレゼントするのですが、「こんなふうに子どもは抱きしめてほしいんだよ」という、ぼくから新しい親たちへのメッセージなのです。

ほんとうは、HUGは、大きくなっても重要なコミュニケーションの手段なんですが、大きくなったわが子をぎゅっと抱きしめようとすると、相手が嫌がりますね、ここは日本だから。日本ではまだ、公の場で抱きしめるということが、一般的ではありません。

先生が高学年の女子に自分からHUGしにいったら、セクハラになってしまいますから、気を付けましょう。

ぎゅっと抱きしめることで、子どもの思いが伝わってきます。ぬくもりも、伝わってきます。子どものぬくもりを受け止めるのがHUGです。

子どもを叱った後も、ぎゅっと抱きしめてあげるのがいいですよ。それは、「あなたが悪いことをしたら叱るけど、あなたを愛しているのよ」というメッセージになります。

○ 視線

「目は口ほどにものを言い」と言います。視線というものは、その人の気持ちを表します。子どもたちは、大人の視線を本当によく見ています。

「なに、見てるの。」

「どこ、見てるの。」

と、子どもに聞かれたことはありませんか。子どもは、親や先生の視線が気になって仕方ないのです。ところが、関係のよい親子では、それほど気にならないようです。自分の親の視線の気になる子どもは、親に対して不安を持っている子どもが多いような気がします。

先生の場合も同様です。

逆に、子どもはどこを見ているのかをよく観察すると、おもしろいですよ。子どもたちが大人を見るときは、全て見上げることになります。視線は下からなんです。心は水みたいなもので、高いところから低いところに流れやすいのです。見上げた状態では、子どもの心は大人の中に入っていきません。身体をかがめて目の高さを下げると、子どもの心は入ってきやすくなります。

子どもの心を自分に入れたいときは、目の高さを下げることです。

「子どもと同じ目線で」というのは、そういうことなのです。

叱るときは、見上ろしてもいいのです。この場合は、上から大人の権威で叱りとばします。ただし、それが通用するのは、中学年が限界でしょう。いつまでも子どもを叱るだけのやり方が、通用するはずがないのです。相手は「一人の人間」なのですから。

子どもの言うことを理解しようとするときは、こちらが目の高さを下げることです。上から見下ろすだけでは、決して子どもの思いは、こちらに伝わってきません。人を理解するには、「相手の下に立つ」という気持ちが大切だということです。

そうすれば、自然と子どもの心がこちらに流れてくるものです。

あたたかいまなざしで子どもを見ましょう。無理にでも、笑顔ですよ。親も先生も人間なのだから、気分の悪いときもしんどいときもあります。でも、病気じゃなかったら、まずは笑顔です。

ぼくは全校朝礼で子どもが並んでいるとき、一人ひとりの顔を見ながら、笑顔で子どもたちの朝一番の表情を見るようにしていました。そうすると、

「先生、にたにたしないでよ。」

と言われるときもありますが、

「にたにたじゃなくて、にこにこだよ。」

と言い返します。子どもたちは、にっこりしてリラックスしてくれました。

人間は、基本的に笑顔が大好きです。「笑う門《かど》には福来たる」って、本当ですよ。笑顔は、子どもたちへの元気づけのメッセージになります。

○ 表情

子どもは大人の表情をよく見ています。親は、自分の子どもであるだけに、よけいに表情をごまかしにくいものです。

自分の感情は、家族には隠さないほうがいいと、ぼくは思っています。腹が立ったときは、怒った顔でいいんじゃないですか。悲しいときは、悲しさを表現したらいい。子どもに隠してやせがまんするのは、決して教育的ではありません。

自分の子どもに弱みを見せて、何がいけないんですか。弱みを見せてもらったほうが、子どもも安心して自分の弱さをさらけ出すことができるのです。家族なんだから、弱みも出し合って支え合って生きていくべきです。

でも、それ以外は、やはり穏やかな表情を心がけてください。どうすればいいかというと、鏡を見ることです。鏡を見れば、自分がどんな表情をしているのか分かります。

さて、子どもの表情は、幼い頃には、比較的読み取りやすいものです。しかし、年齢が上がるにつれ、しだいに読み取りにくくなっていきます。ここでも、毎日見ることが大切なのですが、じろじろ見ていると、思春期の子どもは嫌がりますから、難しいものですね。それでも、ふと、何かを子どもの表情から感じることがあります。その一瞬を見逃してはいけません。

子どもの表情から感じた一瞬のことを、大切にしましょう。

いじめ事件などでは、親も先生も子どもの苦しみが読み取れなかったという話がよくあります。

確かに思春期の子どもの思いは、なかなかつかめないものです。子どもはひたすら隠しますから。

それでも、一瞬の表情から「おや」と感じたことを大事にすれば、子どもの苦しみに近づくことができると、ぼくは思ってきました。そして、気づいたとき、もう一度、子どもの様子、周囲の状況などを、細かく観察して確かめるのです。ぼくは、そうやって、いくつかのいじめの発端をつかむことができました。

○頭をなでる

子どもは頭をなでられると、実に落ち着きます。ぼくは東洋医学を学んで鍼灸師《しんきゅうし》の資格を持っています。鍼灸では、子どもは敏感なので、突き刺す鍼《はり》は使いません。小児鍼という、平べったいステンレスの板のようなものを使います。

ちょうど、スプーンの先っぽみたいなものです。それで、こするだけなんです。心臓の遠いところから心臓に向かってこするんです。びっくりするほど、効果がありますよ。

それだけで、自律神経を安定させることができます。これは、擦刺激《さっしげき》と言います。身体をうまくこすると、自律神経が安定するんです。乾布摩擦《かんぷまさつ》というのも、同じ原理です。

子どもの頭や背中をなでてやることは、それだけで自律神経が落ち着きます。身体が気持ちよくなると、当然、精神的にも安定しますね。

ときどき、髪の毛が立っている赤ちゃんがいますよね。突っ張りの兄ちゃんみたいな髪になっているのを、見たことがあるでしょう。お母さんの中には、「くせ毛です」なんて笑っている人もいますが、とんでもありません。あれは、自律神経が緊張状態にあって、興奮しているのですよ。立毛筋《りつもうきん》が緊張して、柔らかくて軽い赤ちゃんの髪の毛をぴんと立てている状態なんです。赤ちゃんは、何か不快感を感じているという証拠なんです。

試しに、こういうときの赤ちゃんの裸の背中をスプーンの裏で軽くこすってやると、髪の毛は下がってきます。それぐらい、擦刺激というものは、子どもの体に影響するんですよ。

子どもの頭をなでてあげましょう。背中をなでるのもいいですね。（先生は、頭だけにしましょうね。）それだけで、ノンバーバル・コミュニケーションになります。大人のぬくもりを感じながら、子どもの心と身体が落ち着いていくことでしょう。

そして、頭をなでながら、子どもと会話してみると、伝わってくるものがあるでしょう。頭をなでるということは、子どもの思いを身体で「聞く」ということでもあるのです。

4　向き合い方はさまざまでいい

二人の教師を例にあげます。

お一人は、子どもにむき出しでぶつかっていきます。なんの作戦もありません。ただひたすら、まっすぐに自分をぶつけていく。

例えば、学校でいじめがあったとします。多くの教師たちは、そういうときには、慎重に扱います。いじめというのは簡単な問題ではなく、教師が叱っただけで解決することは、ほとんどないからです。特に、中学生ぐらいになってくると、ある日突然、電車でその子のいつも乗る車両とは違う車両にみんなで乗って、その子を一人にするというようなやり方をします。陰湿です。教師が簡単に手を出せないようにします。

この先生は、そういういじめに対して、敢然と真正面からぶつかります。

「あたしは、そういうことが大っきらいだからね。あたしの目のあるところでは、そんな卑劣なことは、絶対に許さないよ。人間として、そんなことをすることを本当にまともなことだと思ってるの！」

などと言って、どんどん感情をぶつけていきます。これが中学生の子どもたちの心をゆさぶるんですね。なぜなら、この方には、全く裏表がなく、純粋に子どもにぶつかっていっているからです。テクニックなんてないんですね。ただ不器用に心をぶつけていく。そこには、ウソがない。相手によって態度を変えることもない。だから、子どもたちは、心を開いてしまうのです。

純粋なものにまっすぐぶつかってこられるって、怖いですよ。こちらの人間性を問われる感じがしてしまいます。

全力でぶつかることは、子どもの魂をゆさぶります。

ただ、このやり方には、大きな危険性があります。子どもとぶつかりあって、くたくたになります。さらに、同僚とは、どうしてもぶつかってしまいがちになります。だから、ときどき心がぼろぼろになります。相当強い意志がないと、続きません。

一方、もうお一人は、穏やかで静かな語り口調です。決して相手を傷つけない言葉を使って、その言葉は人の心にしみ入っていきます。話した瞬間に、穏やかな気持ちになります。ぼくは友人だから、彼の中にある厳しさと熱い心は分かります。でも、彼はそれをそのままぶつけることをしません。真正面からぶつかっていくことの危険性をよく分かっています。子どもの横に並ぶような姿勢で、アプローチしていきます。彼は、決して無理をしないので、安心感があります。

穏やかに接すると、子どもは安心します。

お二人とも、子どもたちや教師たちから信頼されています。

このように、真正面から向き合うことも大事だし、正面からだけでなく、横からそっと手をさしのべることも大事なのです。

どちらがよいとは言えません。ただ、お二人に共通するのは、子どもに対して誠実だということです。それさえあれば、方法はいろいろあっていいのですね。

何度も繰り返して言いますが、自分の子どもの状態や性格に応じて、やり方を変えていくのだと、考えましょう。教育に絶対的な方法なんてないのです。

5　横から入れると、言葉は心に届きやすい

言葉を横から入れるとは、どういうことでしょうか。

中学年以上の子どもの場合を考えてください。

「そこに座って話を聞きなさい。」

などと、子どもの真正面に立って大人の思いを伝えようとしたとき、子どもは、身構えます。心も、きゅっと固くなります。その心をこじあけて言葉を入れていくことは、とても難しいことです。

聞いているふりをして、心を閉じてしまうこともあるでしょう。反発したり、反抗したりするときもあるかも知れません。初めから話も受け付けずに部屋にこもって、ぴしゃりとドアを閉じてしまうこともあるでしょう。

お説教はもちろんのこと、ちょっとした注意をしようと思っても、真正面から向かうのは、あまり賢いやり方ではありません。「ここは子どもに命がけで話さないといけないな」

と思ったときは別ですが、そんな、子どもと勝負をするようなときは、一生に何回もありません。

子どもに伝えたいことがあるときは、家を出て、外で話すことを考えてはどうでしょう。

家の外に出ると、気分も変わるし、心も少し開放的になります。

一緒に散歩しながら、横に並んで話しかける場合は、少なくとも正面からぶつかるよりも、子どもは受け止めやすいものです。

「あのね、話したいことがあるんだけど、ちょっといいかな。」

と、顔を見ないで言ってみると、案外聞きやすいものなのですよ。

子どもに手紙を書くことを考える方もいらっしゃるでしょう。手紙は、思ったよりも子どもに伝わらないものです。小さい頃で、ママのお手紙をもらって喜んでくれる時期ならばいいですが、思春期くらいになってくると、子どもは、親からもらう手紙を素直に読んではくれません。

ぼくが思春期の頃、自分の机の上に母が分厚い手紙を置いてくれていました。その手紙の内容はだいたい想像がつきました。「あなたのこのごろの生活態度を見ていると……」というような諫言《かんげん》だったに違いありません。なぜ「違いない」なんて推量型で言うかというと、ぼくはその手紙を開きもせずにゴミ箱に放り込んでしまったからです。母の思いを受け取らなかったからです。

似たような話を友だちからも聞きました。手紙は、横から入る言葉ではないということですね。

6　どっちが、ほんとうなの？

教育ではよく、矛盾《むじゅん》したような言葉が使われます。どっちが正しいのかと、迷うときがあります。実際は、ほとんどの場合、どちらも正しいのです。ケースバイケースで変えていけばよいということなのです。

教育で盛んに使われている言葉を、ぼくなりに検証してみたいと思います。

①「子どもあつかいするな」と「大人の責任で」

第2章の4節でも述べていますが、「子どもあつかいするな」と、ぼくもよく言います。その一方で、「大人の責任で決めるべきだ」とも言います。なんだか、矛盾していますよね。ぼくはこう考えています。

基本的には、子どもを一人の人間として認めて、まっすぐに話していくべきです。家の中で起こっていることは、子どもにも知る権利があります。しかし、子どもには知らせてはいけないことがあります。子どもが幼いときは、子どもがそのことを理解できないのだから、子どもに隠してウソをつくことがあってもいいでしょう。言わないほうがよいことだってあります。

「大人の責任」というのは、次のようなことです。

例えば、中学の進学に関して話をしていると、ときどきお家の方が「子どもがどうしても、こちらの学校へ行きたいというものですから。」

と、おっしゃるときがあります。無責任な言葉です。

小学生に人生の責任を負わせてはいけません。

わずか12歳の子どもに、将来を展望して正しい選択をできるはずがありません。判断するのに、どれだけの情報を検討できるものでしょうか。人生の先輩である親が、いろんなことを考えて道を示すべきなのです。大人が子どもを説得するべきなのです。ぼくに言わせれば、そういう言い方は、親の責任放棄ですね。

もちろん、無理に違う方向へ進ませたとき、

そこでうまくいかなくなったら、子どもは親を恨みます。

「お父さんたちの言う通りにしたから、こうなったんだ。」

と、なじります。そのリスクも全部背負って判断するのが、大人の責任ということですよね。責任をとるというのは、うまくいかなかったときの責めを背負う覚悟を持つということです。

ただし、大学進学については、子どもの責任で決めさせるべきです。18歳というのは、もう大人ですから、これからの自分の進む道は自分で決めさせるべきなのです。

そのときまでに、まともな判断の下せる子どもに育てるのが、親の責任です。

②「同じ土俵に乗るな」と「子どもと同じ目線で」

「子どもと同じ土俵に乗らないように」と、ぼくは、いろんな機会に言っています。保護者にも先生方にも。と同時に、「子どもと同じ目線で」という言葉もよく使います。

なんか矛盾した感じがしますよね。

ぼく自身も、この矛盾したことを同時に使ってきました。

まずは、子どもと同じ目線で子どもを理解しようと努力してきました。その結果、しょっちゅう、子どもと同じ土俵で相撲をとってしまいました。

ようやく最近、子どもを少し上から見渡すように見ることができるようになってきました。「見下ろす」ではなくて、「見渡す」ですよ。子どもを高い位置から鳥瞰《ちょうかん》するように見渡すのが、大人の値打ちだと思います。

それで、思うことは、子どもを理解してコミュニケーションを取るときには子ども目線が必要だが、感情的に子どもと同じ土俵に乗ってしまうことは、止めたほうがいいということです。

子どもといると、腹が立つことはありますよ。それを大人の出し方で示さないといけません。子どもに感情の上手な出し方の手本を示すのです。

難しいことを言っています。分かっていても、なかなかできません。だって、子どもはだんだん親や教師のしていることと似てくるのですから、よけいに腹が立って感情的になるものです。

③「ほめれば育つ」と「叱らないと育たない」

「ほめれば子どもは育つ」ということが、よく言われています。まず、ほめるこつを一つだけ話します。

ぼくにほめられると、子どもたちはとても喜びます。それは、子どもたちが、ぼくは絶対に根拠のないことをほめたりしないということを知っているからです。ぼくはけっこう厳しいんです。いいかげんにやっていてもほめられるなんてことは、まずありません。

でも、子どもが「ちょっと自分はがんばったなあ」というときには、さっと少しだけほめます。「ちょっと、がんばったな」とほめます。

ここがポイントです。五十のがんばりを、「五十がんばったね」と、ほめるというよりも認めてあげれば、子どもは「次は六十がんばろう」と思います。

適切な評価でほめましょう。

子どもたちは、自分のしたことの値打ちをある程度分かっているところがあって、大したことも

していないのにべたぼめをする大人の言葉を信用しません。

さらに、ぼくはほめ続けることをしません。究極の目標が「ほめられたらできる子ども」を育てることにないからです。自分自身が充実を感じることが、一番大切なんですね。ずっとそばにいてほめ続けることなんて、できないでしょう。

本当にすごいことができたら、ぼくは、子どもの「やったあ」という喜びを一緒に喜びます。そんなときは、特にほめなくていいんです。子ども自身がもう十分に充実感を持っているのですから。


さて、ほめることは確かに子どもを育てることではありますが、ほめることだけで育てると、ほめられないと（他者に評価されないと）何もできない人間に育っていく可能性があります。いつもなんらかの評価を求めて、それがないとやる気が出なくなる子どもがいます。せっかくちゃんとできているのに、そのことを十分に評価されないために不満を持ってしまう子どももいます。担任の先生が替わったとたんに子どものやる気がなくなってしまう場合は、そういうことが原因である場合が多いのです。

さらに、高学年では、ほめられるとしなくなる子どもがいます。教室で誰にも気づかれずにいつも雑巾をきちんとたたみ直していた子どものことを、みんなの前でほめたとたんに、次からしなくなったという経験があります。

子どもの性格も成長も考えてほめないといけないということです。

まとめて言うと、ほめたら少しずつ育つが、ほめすぎたら、どこかでゆがんでくる、ということです。

では、叱ることはどうでしょうか。体育会系の先生は、「子どもは厳しく叱って育てるべきだ」と思っている人がけっこういらっしゃいます。また、親の中には、「びしびし、厳しく叱ってやってください。」と教師に頼む方もいらっしゃいます。

子どもだから、過ちもするでしょう。叱らなければいけないことは、確かにありますが、叱ることで子どもが人間として育つという考えには、ぼくは納得できません。

自分自身の話をします。教師になって、若い頃から、いろいろな研究会で提案発表をしてきました。ベテランの畏れ多い先輩方の前で未熟な実践を報告しました。でも、他の先生方が「あなた、子どもはそんなことは言わないものよ」などと厳しく叱られる中で、ぼくだけは一度も否定されたことはありませんでした。いつもよいところを見つけてほめていただきました。そのことが次の実践への意欲を生み、努力し続ける原動力となりました。ぼくは打たれ弱い人間だから、悪いところばかりつつかれて厳しく叱られていたら、途中で潰れていたかも知れません。

ほめて育てていただいたというのが、ぼくの実感です。

ぼくは、叱らないで育てることが、ほめて育てること以上に重要だと思っています。でも、なかなかうまくいきません。つい、子どもを叱ってしまうことがあります。そんなときは、いつも、自分の未熟さを思います。

叱ってしまったら、必ずフォローをしましょう。叱ったことそのものを「ごめんね、叱りすぎちゃったね」なんて謝る親や教師がいますが、それはおかしいです。「叱ったことは、正しい」でいいのです。

後で謝るくらいなら、初めから叱るべきではありません。

フォローというのは、叱ったこと以外のことで、愛情を伝えるということなのです。一緒に散歩や買い物に出るとか、楽しい絵をプレゼントするとか、遊びに誘うとか、大人から気分を変えさせればよいのです。

ぼくの知っているお母さんは、強く叱りつけたため、泣きながら幼稚園に向かったわが子が帰ってきたとき、子どもの大好物のオムライスを作って待っていました。

愛情が伝われば、叱られたことが、子どもの中で消化されていくのです。

7　長い目で見ましょう

◆子どもの人生は、始まったばかり◆

子どもたちの人生はまだ始まったばかりです。20歳までは、人生の準備期間です。

教育というのは、もちろん目の前のことを一つひとつやっていくのですが、実は、長い将来のことを考えてやっていくことです。子どものすることを、いちいち細かく言うことよりも、子どもが、将来、人間を信頼して生きていくことのできるように、子どもを受け止めてほしいと思います。

人に受け止めてもらった経験が多ければ多いほど、人間は他人を信頼し、愛することができます。

人は、誰かに心を投げ出して受け止めてもらうと、落ち着くのです。そして、人に自分を預けられる心が信頼を生みます。受け止められた経験の少ない子どもは、自意識過剰・他意識過剰に陥ります。人に自分を任せられないから、自分の言うこと、することの一つひとつを意識しすぎて、他人の言葉に過敏に反応してしまいます。

今は、過敏に反応する子どもたちが、とても多い時代です。子どもが自分を任せられるのは、自分たちに身近な大人、親や先生です。

人を信頼できる人間を育てるべく、子どもたちが身を任せてくれる大人になりましょう。

第5章 子どもに必要なものと、その作り方

親や先生が示せる、子どもに必要なものが、いくつかあります。子どもに必要なものとはなんでしょうか。もちろん、「もの」とは言っても、物質のことではありません。子どもには、次の五つのことが、まずは必要で、これらが欠けると、子どもは育ちにくくなります。

1 ストローク（心地よい風を送る）

ストロークとは、子どもに心地よい風を送ることです。元気づけ、勇気づけと同じことです。ほめる・アドバイスする・長所を見つける・笑う・明るい・プラス思考などです。

その反対に、いやな気分になる風を送ることが、ディスカウントです。けなす・文句を言う・欠点を指摘する・怒る（「叱る」じゃなくて、怒る）・暗い・マイナスの予想などです。

ストロークの心地よい風に当たっていると、いい気持ちになって、行動もよい方向に向いていきます。

それに対して、ディスカウントの風ばかりに当たっていると、考え方も悪くなりがちです。イライラして友だちや家族にあたることも増えるでしょう。

子どもをディスカウントする言葉というものがあります。ぼくも使って失敗したことがありますから、偉そうなことを言うつもりはありません。ぼくみたいな失敗をしないようにしましょう、という話です。次のような言葉が、ディスカウント言葉です。

○「**こんなことも分からないのか**」

これは、よく使ってしまう言葉ですが、人格否定そのものです。「こんなことも」という言葉には相手をさげすむニュアンスが含まれているのですから。

帰国子女学級を担任していたとき、簡単な算数の問題の分からなかった子どもに、「こんなこともわからないの？」と、使ってしまいました。泣かせてしまいました。

海外から帰ってきて公立小学校に入り、そこで不適応を起こしてこのクラスにやってきた子どもに対してです。その子にこの言葉は、辛い一言だったことでしょう。

○「**そのくらいどうしてできないの**」

子どもだって苦しんでいるのです。「なんでできないんだろう」って、思っているときに、親や教師からそんなことを言われたら、辛いですね。

難しい課題でも、「そのくらい大したことないさ」と子どもが思えるようにするのが、教育というものではないでしょうか。

○「**ぼやぼやするな**」

この言葉に続いて「さっさとやりなさい」と言うのです。まさしく、子ども軽視の言葉です。いろいろなペースの人間がいていいはずなのに、親や教師は、自分が時間に追われているから、こうやって、子どものおしりをたたくのです。

時間に追われているのは、大人のほうなのです。

○「**ろくな人間にならないぞ**」

こういう言葉をマイナスの予想と言います。子どもにしてみたら、「放っといてくれ」と言いたいところでしょう。「お前に関係ないやろ。勝手にするわ！」とまで、思うかも知れません。

○「**きょうは、がんばったね**」

けっこう無意識に使う言葉です。「は」は、限定の助詞。これを聞くと、親や教師はふだんは自分たちのことをだめだと思ってるんだなというメッセージが伝わっていきます。

子どもたちは、こうした無意識の言葉のニュアンスに対して、とても敏感なのです。

ふつうに、「がんばったなあ」と、うれしそうに言ってあげればいいのです。

さて、お家で親が叱ってばかり。子どもへの文句だけでなく、近所の人への批判や家族への不満が並んでしまう。イライラした感じが子どもに伝わってくる。そんなおうちでは、ディスカウントの風ばかりが吹きますから、子どもが気持ちよく自分のよい面を出していけません。

大人の送る風が、子どもたちの言動に影響を与えるのです。

それに対して、いつも親がにこにこしていて、なんだか明るくて、お願いされたり、感謝されたりの言葉ばかりが耳に入ってくる。そんなおうちでは、子どもたちは伸びやかに育っていくと思いませんか。

教師がストロークの風ばかりを送っている教室では、笑顔が絶えないし、やる気も充満して、子どもたちがいじめや意地悪をしようという気持ちになりません。

逆に、ディスカウントの風、例えば、先生がいつも朝から不機嫌で笑顔がないとか、いつも小言や説教ばかりだとか、そういう風を教室に送ってばかりいると、子どもたちの心は、意地悪やいじめ、不真面目などの方向へ向きやすくなるでしょう。

家庭や教室にどんな風を送るかは、全て大人の責任です。

2　心のバンドエイド

佐野洋子さんの絵本『うまれてきた子ども』（ポプラ社）の中に、生まれたくないから生まれなかった子どもが出てきます。この子は、生まれていない、つまり、生きていないという状態を楽しんでいるのです。なんにもいやなことなんてないから、生まれる必要なんてなかったのです。

ところが、一人の女の子がイヌにかまれてお母さんにばんそうこうを貼ってもらうのを見たとき、突然、生まれなかった子どもは、生まれたくなるのです。そして、とうとう生まれてきたとたんに

「ばんそうこう、ばんそうこう」

と、叫びます。そして、お母さんに優しくばんそうこうを貼ってもらって、生きていることのすばらしさを感じるのです。

この絵本は、子どもにとっての「ばんそうこう」の意味を、よく表しています。

誰かの頭をなでてやっているとき、それを見ている他の子どもがいるものです。家庭なら、兄弟が。学校なら、他のクラスメイトが。特に低学年は、じっと見ていて、「自分もしてほしいなあ」って、思っています。それは、甘えたいという心なんですね。

例えば、擦《す》り傷をつくった子どもの足にバンドエイドを貼ってあげていたら、他の子がじいっと見ていたりします。自分も貼ってほしそうにします。

そんなときは、その子に貼ってあげればいいんですよ。

「あなたにも貼ってあげようか。」

なんて言って。

心のバンドエイドを貼ってあげましょう。

ケガもしていないのにもったいないなんてことはありません。そのバンドエイドは、子どもの心のバンドエイドになって、子どもの心が落ち着くのですから。

バンドエイドはたとえ話ですが、妹を抱っこしていたら、お兄ちゃんがじっと見ているなんてことがよくあります。

そんなときは、一緒に抱っこしてあげるといいんです。今そのときに必要なんです、バンドエイドは。後で貼っても、意味がないんですよ。そのときなんです。

3　笑いとユーモア

三つ目は、笑いとユーモアです。

ユーモアとは、人を笑うのではなく、自分が自分を笑えるという心です。人を励ます笑いでなければなりません。したがって、他人をからかうことは、笑いやユーモアではありません。

『クオレ』（デ・アミーチス著）という話があります。イタリアの中学年の寄宿学校の子どもたちの友情を描いた物語です。

ぼくの勤めていた小学校では、６年生の推薦《すいせん》試験というのがありました。子どもたちはこれに落ちると中学校に進学できませんから、必死になります。ずいぶん前ですが、６年生を担任していたとき、その推薦試験の初日。がちがちに緊張した子どもたちの教室に、ぼくは入っていきました。

「何を言って緊張を和《やわ》らげてやろうか」と、ぼんやり歩いていたら、教卓につまずいて、こけてしまったのです。

すかさずぼくは、

「クオレという話があって、その担任の先生が真面目の固まりみたいな先生なんだけど、推薦試験のとき、みんなの緊張をとこうと思って、わざとこけてみせたんだ……。」

と、そこまで言ったら、

「先生、ほんまにつまずいてこけただけやん。よく言うわ。」

と誰かが言って、大爆笑。

それでうちのクラスは、緊張がなくなって、テストを始めることができました。

4 安心感

不安な子どもたちが増えたと言いましたが、子どもは安心感がほしいのですね。いくつになってもです。大人だってそうでしょう。

子どもたちが安心できるためには、「ちゃんと聞いてもらえた」と「見てもらえている」という二つの思いが大切です。

子どもはよくこういうことを言います。

「お母さんは、話を聞いてくれない。」

「○○先生は、ぼくらの言うことを全然聞いてくれない。」

これは、ただのぐちではありません。

聞いてくれる大人には、安心できるのです。

大人は、なかなか子どもの話をきちんと聞こうとしません。そして、聞いてもらえない大人と一緒にいると、子どもたちはストレスがたまるのです。

さらに、子どもたちは、大人が自分たちをしっかりと見ていてくれると思うと、安心します。

ぼくは、文集や通信に子どもたちを観察して考えたことを「はだかの子どもたち」と題して書いていました。これは、「ぼくは君たちのことをこんなふうに見ているんだよ」というぼくから子どもたちへのメッセージでした。

自分たちのどういうところを見てくれているかで、子どもたちの安心感は変わってくるのです。

歓迎遠足は、一日中１年生のお世話でした。
全校朝会のとき、集まりが悪くて、かなり強く叱りました。二人ほどしばらく横に立たせていました。でも、1年生のところへ行ってからは、安心して見ていました。この子たちは、やさしい子どもたちです。小さい子を任せることについては、信頼しています。1年生のそばに行ったとたん、目がおだやかになりました。

Y君のパートナーは、けっこうやんちゃさんでした。Y君は、「ほんとに仕方ないなあ」という感じで、文句も言わずにきちんとつきあっていました。担当が彼でよかったです。男の子は1年生といっしょに遊ぶのは難しそうだなあと思っていたら、N君は、

「おーい。1年生と鬼ごっこをしよう。」

と、近くにいた何組かに声をかけて、いっしょに遊んでいました。

小さなことの一つひとつですが、子どもたちの姿をほほえましく見ていました。

おうちに帰った1年生たちが、きっとお母さんお父さんに6年生と楽しく過ごした話をしてくれていることでしょう。

ほかの先生方も、

「6年生は、よく1年生のめんどうを見ていますね。」

と言ってくださいました。

ちゃんと見ている人はいるということです。

「はだかの子どもたち」より

いつ、どんなことで叱られるか分からないとき、大人が気分で子どもを叱るとき、子どもたちは、いつもその大人の顔色をうかがって暮らさなければならなくなるので、安心した生活はできません。

どんなに怖い先生でも、「この先生が怒るのは、友だちをいじめたときと時間に遅れたときとなまけたとき。あとは大して怒らない」と、はっきり分かっていたら、安心して先生に近づいて、少しずつ心を開いていきます。

大人は、どういうときに叱るのかをはっきりさせて、そこからぶれてはいけないのです。

5　明るさ

教室のスローガンに「明るいクラス」や「明るい仲間」等と掲げられていることがあります。この「明るい」という言葉は漠然としていて、具体的にイメージしにくいものです。しかし、反対の「暗い」という言葉と対比すると、かなりはっきりしてきます。

明るい家庭や教室では、大きく快活な声がひびきます。笑い声があります。

子どもにとっては、自分の居場所は明るいほうがよいのに決まっています。

明るさを演出するには、家や教室に赤・ピンク・イエロー等の華やかな花を生けるといいですね。部屋に花があるだけで、気分は少し明るくなるものです。

子どもは花と同じです。明るい光を浴びて育つのです。

住む場所にもよりますが、換気も明るさと関係があります。照明も明るいほうがよいですが、太陽光のほうがよいでしょう。

先生や親の声の明るさというものが、もっとも大切です。大声を張り上げるのはよくありませんが、はっきりとした言葉で話すようにしたほうが、ぼそぼそと暗く話すよりも、よいのに決まっていますよね。

6　納得すること

松成真理子さんの『こいぬのこん』（学研）という絵本で、主人公のえっちゃんは、大切にしていた子いぬの指人形をなくしてしまいます。さんざん探し回って、やっと見つけたら、子いぬは怖い犬のそばに落ちていました。そのとき、えっちゃんは、こう言います。

「あのいぬは、こんのおかあさんかもしれないね。」

それを聞いたおじさんが
「じゃあ、そばにいるのがいいね。」

と言い、おうちではお母さんが、

「よかったね。」

と言ってくれました。えっちゃんは、こんが母犬に出会えたという自分の考えに納得するのです。

このように、子どもにはその子なりの納得が必要なのです。「別のお人形を買ってあげよう」なんて言っても、納得はできないのです。

納得した子どもは、前を向いて歩き出すものです。

第6章 子どもが動きやすくなる言葉があります

子どもが動きやすくなる言葉があります。「声かけ」という言葉がありますが、子どもへの「声かけ」の言葉しだいで、子どもはフリーズして動けなくなってしまったり、さっと身軽に動き出したりするものです。

かけるという言葉を考えてみてください。「あんかけ」「洋服かけ」のように、上からふわっという感じでおおうときに使います。「かける」という言葉には、ふわっとしたやわらかい感じがあるのです。

子どもにふわっと言葉をかけてあげる、それが「声かけ」です。

魔法の言葉というものがあります。

子どもがさっと動き出せる魔法みたいな言葉があります。

ぼくは、何度も、たった一言で子どもが動き出した例を知っています。怖い顔でどなったりしなくても、ですよ。でも、それは、いつでもどこでも通用する言葉ではありません。時と場合によって使いこなす言葉なのです。

子どもをよく見つめて、子どもに対して真摯《しんし》に向き合っている大人からしか、そういう言葉は出せません。

魔法の言葉をいくつか、まとめてみました。

1　「先生にできることはありますか」で、子どもが立ち止まる

子どもたちがもめているとき、ぼくはよくこの言葉を使いました。七割くらいの子どもたちは、「大丈夫です」とか「自分たちでなんとかします」と、答えました。三割は、自

分たちでは無理だと言いましたが、それは確かに子どもたちだけでは解決できない案件ばかりでした。

「先生にできることはありますか」という言葉は、子どもたちに「自分たちでは解決できないって言うのか？」というメッセージを横から伝えていく言葉になります。子どもは自分たちで解決できそうなことも、大人にふってくるときがあります。そんなときに、この言葉は、自分たちを振り返って、自分たちの責任を再認識する言葉になるのです。

2　否定的なメッセージには、子どもはついていけない

否定的なメッセージを子どもたちにかけるのは止めましょう。

大人は時に、子どもに対して、予言者になることがあります。

「こんなことをしていたら、友だちができなくなるよ。」

「ちゃんとしなかったら、ろくな人間にならないぞ。」

というような言葉を出したことはありませんか。このような将来に対する否定的な予想は、ぼくに言わせれば、最低の言葉です。

例えば、「友だちができなくなるよ」という予想について考えてみましょう。将来、言った通りになったとしましょう。自分の大事な子どもに友だちが一人もいなくなるのです。「ほら見てごらんなさい。言った通りになったでしょ」と、思えますか？　しかも、子どもは、否定的なメッセージに縛《しば》られて、「自分には、もう、一生、友だちなんてできないんだ」と思い込むかも知れないのです。

では、予想に反して、たくさんの友だちができてしまったら、どうでしょう。否定的なメッセージを出した大人のことを、あてにならない、信用できないと思うようになりませんか。

どっちに転んでも、よいことは何一つありません。

否定的なメッセージは、子どもを育てることはないし、大人と子どもの関係も損ねてしまうものなのです。

また、「……すべき」「当たり前」「だめ」というような言葉を、よく使っていませんか。こういう言葉をよく使っていると、子どもは大人の話なんて聞かなくなります。

「もう6年生でしょ。」

この言葉はどうでしょう。「もう6年生」なんて言われたって、できないものはできないし、6年生になったからちゃんとしろ、なんて、おかしいですよね。

「女の子でしょ。」

「男のくせに。」

という言葉もだめです。男であれ、女であれ、だめなことはだめでしょう。女の子だからこうしろなんていうのは、今の子どもには通用しません。

子どもの立場で自分の言動をふり返ってみましょう。大人の言葉かけで子どもは変わります。

子どもに言った言葉を、後でもう一度子どもの立場になって考えてみると、かなりひどい言葉を言っているものです。そういうときは、「言い過ぎてごめんなさい」と子どもに謝ることも必要でしょう。

3　自分主語は、子どもを傷つけない

自分主語とは、「わたしは……と思う」「自分は……は嫌なんだ」という言い方をすることです。

子どもが失敗したり、悪いことをしたりしたとき、大人は、つい、

「あなたは、いったい何を考えているの。」

とか、

「お前は、ひどいやつだなあ。」

とかいうような言葉を吐きます。

そういう言葉は、子どもの人格を否定する言葉なのです。

ところが、自分主語で言うと、全く違ったニュアンスの言葉に変わります。

「わたしは、あなたの考えがわからない。」

「ぼくは、お前のしたことは、ひどいことだと思う。」

あくまで自分の考えを述べているのであって、子どもの人格は否定されません。

自分主語は、意識さえしていれば、けっこう使えるものなのです。子どもの人格を否定しないために、自分主語で話しましょう。

4 「ありがとう」と「お願い【please】」で、子どもを尊重する

「ありがとう」という言葉は、感謝を表す言葉ですが、案外、子どもに対してこの言葉を使えない大人が多いのです。子どもがしていることを当たり前だと思っていると、「ありがとう」の言葉は出てきません。また、「お願いします」と、子どもに頼む大人も少ないように思います。子どもに媚《こ》びたような気がするのでしょうか。

ものを頼むときには「お願いします」。してもらったことに対しては「ありがとう」。それって、人として当たり前のことですよね。大人は、子どもに対して変なプライドを持ってしまうのでしょうか。

いつも子どもに対して命令口調になっていると、子どもたちも聞いているのがイヤになってきます。

子どもに何かを頼んだときには、きちんと「お願いします」をつけましょう。指示や命

令のときは、そんな言葉はいりませんが、そこを使い分けていると、聞いている子どもたちも、頼み事と指示との違いを分かるようになっていきますね。

また、「ありがとう」という言葉も大事にしてください。子どもたちは大人の使う言葉に注目しているのです。何かをしてもらったら、どんな相手にもきちんと感謝の気持ちを伝えるということを、子どもたちに示してあげてください。

子どもは、ちゃんとした言葉を使う大人に、敬意をはらうのです。

第7章
私案「こんな親と教師が子どもをだめにする」

数年前に週刊誌で、プロ教師の会の河上亮一さんが「こんな親がわが子を殺す」というショッキングな文章を投稿していらっしゃいました。それに触発されて作ったのが、「こんな教師が子どもをだめにする」という十箇条でした。決して、偉そうなことを言うつもりはありませんでした。教師として、失敗を繰り返していることへの自戒もこめて作ったのです。

今回、親と教師に向けての本を作っていく中で、この十箇条を保護者と教師の指針となるようなものにまとめ直しました。

1　大人としての自覚がない

大人の自覚って、なんでしょうか。一言で言うと、子どものお手本となるようなことができることです。

教師の場合。教師はあくまでも教師であって、親でも友だちでもありません。寒い朝にポケットから手を出せとも言わなければならないし、宿題をしてこない子どもに注意しなくてはならないときもあります。

教師には、たとえそのとき子どもに嫌われても、しなければならないことがあるのです。

その覚悟が「教師の自覚」です。その覚悟を持った上に、子どもとの信頼関係を築いていかなければならないのです。「たがちゃん」と1年生が親しみをこめて呼びかけたときに、「多賀先生と言いなさい」と、教えつつ、子どもたちとの関係を築いていくのは、難しいことです。大切なのは、言葉づかいの切り替えだと思います。子どもと一緒に遊ぶときと、子どもの前に立って指導するときに、言葉づかいを変えることだと思っています。

親は、子どもに対して矜持《きょうじ》を示してほしいと思います。

厳しさは、必要です。ただし、親の厳しさは親自身への厳しさでなくてはなりません。親の後ろ姿に厳しさがなくて、子どもに対してだけ厳しいとなると、「親ストレス」のたまりやすい状態だと思います。

子どものケータイを取り上げる親が、自分は四六時中メールしているのはどうでしょう。

「勉強しなさい」「本を読みなさい」という親が本を読んでいるのを、子どもがほとんど見たことなければどうでしょう。

そういう状態だと親の厳しさはストレスになるだけです。

「お母さんだって、やってるじゃないの。」

と思えば、ストレスにつながるでしょう。

もう亡くなられましたが、甲南学園の理事長をしておられた久保田さんの話で印象に残ったことがあります。それは、自分が悪いことをしたときに、お母さんが「水ごり」をしたという話です。真冬に冷たい水を何度も浴びる母親の姿に、二度とこういうことはやるまいと誓ったという話です。

「水ごり」なんていう言葉は、もう死語に近いですが、願いをかけて冷たい水を全身に浴びることです。

今どき、子どもが悪いことをしたからといって、お母さんが井戸水を浴びるなんてことはまずありませんが、自分の子どものしたことを自分の罪だとして自分を責める。その姿を見て子どもが反省する。そんな「厳しさ」を示すことが、親としての矜持かなと思います。

2　子どもの発達年齢に応じた教育をしていない

ぼくは、小学校というのは、幅がありすぎると思っています。入学したての1年生の顔は、まだぼんやりとしていて、はっきりとした顔だちにはなっていません。だから、特にかわいく感じるのです。その1年生と、思春期に入って親や教師よりも背の高い子どもさえいる6年生とが、一緒に扱えるはずがないのに、「小学生」という一言でまとめてしまっています。幼稚園から上がったばかりの1年生にも、6年生にも、同じことを同じ言い方で教えて、うまくいくはずがありません。

子どもの発達年齢に応じた教育があります。

低学年の学年目標に「けじめをつける」などということをあげる教師がいますが、低学年で、自分でけじめをつける子どもの姿がイメージできるのでしょうか。低学年の目標として妥当なのでしょうか。

学年に応じた目標というものがあります。

「1年生なんだから、時間割は自分で用意させます」と言って、親ががんばらせたけれども、うまくいきませんでした。当たり前です。1年生では、親と一緒に時間割を合わせられれば、十分です。できないのは、子どもの責任ではありません。初めから無理なことをさせているのです。

教師も親も、子どもの発達段階に応じて、教育の仕方を変えていかないといけないと思います。それのできていない大人が、たくさんいるように感じています。

3　子どもと一緒の時間と空間を共有しようとしない

若い先生方にお願いするのは、いつも、子どもと一緒に遊んでくださいということです。思い切りぶつかることで、たくさんのことを子どもが教えてくれます。技術が足りなくても、一緒に遊ぶ仲間の言うことには、耳を傾けてくれるものです。子どもと一緒に遊ばない先生のクラスが崩壊を起こしやすいとまで思っています。

遊ばないとしても、教室で会話をするなど、一緒の時間を共有しましょう。

子どもと遊ばない親は少ないとは思いますが、忙しいときには、つい、おろそかにしてしまいます。でも、子どもにとって、親と一緒に遊ぶというのは、とても大切で必要な時間なのです。外に出て遊ばなくてもいいのです。一緒にお絵かきしたり、折り紙を教えたり、読書をしたりすることも、子どもとの時間の共有になるのですよ。

4　子どもの言葉に真剣に耳を傾けない

真剣に耳を傾けるというのは、相手の目を見て受け答えするということです。大人は、子どもにちゃんと話を聞けという割には、子どもの言うことをちゃんと聞かないことが多いのです。「忙しいから」という理由で。

子どもたちは忙しくないとでも言うのでしょうか。子どもだって、それなりに忙しいものなんですよ。

子どもの訴えを聞けるチャンスは一度だけです。

子どもの訴えは、どんなことであっても、必死の訴えです。そして、聞けるチャンスは一度だけです。「後でね」なんて言うと、二度と聞かせてもらえないときがありますよ。子どもはすぐに「もういいよ」と言って、どこかへ行ってしまいます。気をつけましょう。

低学年の場合、ぼくは子どもと何か話しているときに、他の子どもが何か言いにきたら、その子の手を握って待たせることをしました。そうすれば、その子はどこへも行かないですからね。

5　子どもの表情の変化に気が付かない

子どもはいつもサインを出しています。子どものサインは、表情・態度など、さまざまです。トラブルの多くは突然起こるのではありません。毎日、きちんと見ていれば、必ずその徴候が見えてくるものです。それをとらえられないから、トラブルが絶えないし、未然に不必要な摩擦を防げないのです。

毎日見るから、変化がつかめます。

先生は、朝会で並んでいる子どもたちの一人ひとりの顔を見て、その日の気分を確かめていますか。おうちの方は、朝、出かけるときに、子どもの顔を見て、

「いってらっしゃい。」

と、声かけしていますか。

表情というものは、そんなに簡単に分かるものではありません。よく分かる子どももいれば、ちらっとしか分からない子どももいます。毎日見続けていると、その子のふだんの表情がどんなもので、それに比べて今日はどうだろうと、考えることができるのです。

また、学校集団の中で、個々の子どもを見ることが大切です。

水槽の熱帯魚、ネオンテトラは、群れになって泳ぎます。その動きは、みな同じように見えます。だから、体調の悪いネオンテトラはすぐに分かるのです。他の魚たちと動きが全く違うからです。ぱっと見ただけで、この魚はおかしいぞ、と気づくことができるのです。

学級集団でも似たようなことがあって、よい表情の並ぶ中に、表情の悪い子どもが一人いると、すぐに分かります。「おやっ」と感じたときを逃さないことですね。

学校の廊下で、いつも不安な表情や寂しそうな表情をして、一人で歩いている子どもを見かけるときがあります。そんなとき、ぼくは、自分のクラスでもない子どもに声をかけるようにしていました。

何かその子と会話するきっかけとなるような他愛もないことを見つけて、

「きょうは、蒸し暑いねえ。」

などと、笑顔で話しかけます。

そうすると、子どもたちは、言葉を返してくれたり、「べつに」と、面倒くさそうに言ったりします。いずれの場合も、表情がほわっとゆるみます。

たった一人で憂鬱《ゆううつ》そうに歩いている子どもの思いは、けっして楽しいものではないでしょう。ぼくの一言くらいで何かが解決できるはずもありません。でも、自分に何かしら笑顔で声をかけてくれる先生が学校にいると思ったら、ほんの少しだけ、心が温まるのではないでしょうか。そんな気持ちが、子どもの心をすくいとることにつながるような気がします。

子どもの様子に気づける大人でありたいものです。

6 子どもを叱るときに納得させられない、人格を否定する叱り方をする

どんな叱り方が子どもの人格を否定するかというと、「だからお前はみんなに嫌われるんや」「君は、こんなこともできないの」という叱り方です。それは、第6章の3節でも述べました。子ども主語の言葉がいけないのです。

子どもの人格を否定する叱り方をするということは、他の子どもに対してそういうやり方（人格否定の言い方）をしなさいと教えていることになりませんか。

「あなたが悪いんでしょ」「あなたは、いつもこうなんだから」「（あなたは）最低だね」「あなたのせいで、こんなことになったのよ」。こうした言葉は、子どもたちを人間として責めているのですよ。

人格を責め立てることでは、なかなか前には進みにくいですね。したことがどういう意味を持つのか、相手がどういう感情を持つのか等を考えさせることのほうが重要で、その

ためには、子どもが自分で立ち止まって自分の行為を見直せなくてはならないと思います。人間、自分の人格を否定されてなお、客観的に考えることなどできないと思うのです。

また、子どもには、「納得」が必要です。親も教師も、子どもを納得させるために、説明する必要があります。説明のできない大人に限って、大声でわめき散らしたり、暴力に訴えたりする傾向があります。

子どもを納得させられるような叱り方のできる大人になりましょう。ぼくに言わせれば、子どもに説明できない大人に、子どもを叱る資格はありません、

７　子どもを本気で叱れない

悪い言動は、ちゃんと本気で叱らないと、子どもにはよいのか悪いのか判断できないことも多いのです。ちくっと叱るのではなく、体罰は使わないで、全力で叱ってあげることは必要です。

「そんなことしてたら、だめだよ。」

「気をつけましょうね。」

これは、注意であって、叱っているのではありません。この程度の言葉で子どもが変容したり、いじめがなくなったりすることは、決してないのです。子どもは悪さをします。ごんたをするし、いたずらもします。さぼることもあれば、意地悪なときもあるし、悪口を言うこともあるのです。

中途半端な叱り方は、子どもに通じません。

「いけないことは絶対いけない」と叱ってあげないと、子どもは何が正しいのか分からなくなります。悪いことをして、大人に叱られて成長するのが、自然な子どもの姿だと、ぼくは思っていますが、最近の子どもは強く叱られることに慣れていません。だから、強く叱ると、おうちの方から「子どもが傷ついた」と、反発を受けることもあります。信念で叱ったつもりが、本当に傷つけてしまうこともあります。ぼくも、何度か痛い目にあっています。

それでも、断固として強く叱るという気概がなければ、教壇には立てないと、ぼくは信じているのです。

親が子どもを叱るときも、同じです。全力で叱ればいいのです。ただし、めったにしないほうがいい。しょっちゅう全力で叱っていると、子どもも親もへとへとになりますから。

8　子どもの小さな成長を自分の喜びにできない

子どもは、少しずつ成長していきます。劇的に変わるなんてことは、めったにありません。その小さな変化を認めてくれる先生や親のもとで、子どもは育つのです。

ある日、突然教え子からメールが来ました。北海道で大学の教員をしていることは知っていましたが、ほとんど連絡もとっていませんでした。たまたまぼくのブログを見つけて読んでくれたそうです。

その彼は、20年以上も前に教わったことやほめてもらったことは、今でもよく覚えていると書いてきました。そして、彼が小学校へ『道徳』の投げ込み授業をしにいったときの題材が「小学校のときに魚偏《さかなへん》の漢字をすらすらと読み、家で飼っていた魚の特徴を的確にとらえたことを学級通信でほめてもらい、社会のテストで95点をとって勉強に自信をつけた少年が、中学校で体操競技と出会い、今日でも競技を続けている」という話であったそうです。その後、好きなことを続ける大切さ等を子どもたちに話したそうです。

うれしいメールでした。

ほめるということは、上から見下して「お前をほめてやるぞ」ということではありません。子どもの小さな成長や値打ちを大切にして、子どもを認めて成果を一緒に喜ぶということなのです。

9　子どもをからかったり、揶揄《やゆ》したりする

子どもをからかうことをユーモアだと勘違いしている教師がいます。子どもの容姿や体型を笑ったり、子どもの失敗をあざ笑ったりするのです。そんなものは、ユーモアではありません。ユーモアには、人格が含まれているのです。ぼくは、人を励まし、勇気づけるものだけをユーモアと呼んでいます。

子どもをからかうことで、関係はつくれません。

子どもに嫌われるお父さんの典型が、「がんこ親父」と「子どもをからかう親」です。子どもとの関係を持とうとするあまり、子どもをついからかってしまうお父さんがいます。こういう親を、子どもは決して信頼しません。

重ねて言いますが、子どもの容姿や体型に関することを、決してからかってはいけません。子どもの心に深い傷となって残るのですから。信頼の対象となるべき「大人」からそういうことを言われると、子どもには逃げ道がなくなります。心に深い傷を持つことになります。

10　子どもを恫喝《どうかつ》したり、恐怖で支配したりする

これは、論外です。暴力は教育ではありません。他に技術のない、もっともレベルの低い教師や親が、自分の感情の発散のために使う方法を体罰と呼ぶのです。

そこまで分かっているんだけど、ときどきやってしまうのは、なぜでしょうか。やはり、子どもをどこか見下して、「一人の人間」だというとらえ方ができないのでしょう。

本来は、教育者は「薫陶《くんとう》」するのが理想です。かもし出す香りのようなもので、その香りに触れる子どもたちの心を自然と育てていければ、最高です。

でも、ぼくは、そう言いながら、これはあきらめています。ぼく自身にはそこまでの人格はないし、ときどき、直球勝負してしまうからです。

先日、教え子たちと話していたら
「5年生のとき、男子が先生に10人ほどずらりと並ばされて、たたかれたことがあった。」

と、言われました。今なら、考えられないことですね。こうして言ってくれる子どもたちはいいけれど、心の中で恨まれていることもあるかも知れません。教師とは、そういう仕事です。

実は、その事件を、学校見学でまわっていた入学したての1年生が見ていました。強烈な印象だったので、「あの先生はそういう先生だ」というイメージがついてしまったようです。その子たちが4年生になったとき、ぼくが担任になりました。初めての出会いを楽しく演出しようと思って教室に入りましたが、子どもたちはみなシーンとして、緊張のかたまりになっていました。強烈なイメージが離れなかったのです。

いつか、ぼくといると広い草原にいるような気分に、子どもたちをさせたいなあと思っていますが、現実は厳しいです。でも、努力は続けたいものです。

おわりにかえて

新任のときに、子どもの心を傷つけて泣かせてしまったことがあります。

「こんなことが、なんでできないんだ。」

という言葉が、子どもの心を、刺したのです。痛い辛い思い出です。

それ以後、できない子どもに対して、決してそういう言葉を吐かないように気をつけてきました。

それでも、いつも子ども全員のことをうまく受け止められる、そんな神様みたいなことは、自分にはできませんでした。人の心を受け止めるなどということは、とても難しいことで、ぼくにも、たくさん、「あのとき、ちゃんと受け止めてやれなかったなあ……」ということがあります。

大切なのは、そういう思いを持ちながら教育を続けていると、次に似たようなケースが出てきたときに、必ずそこにつながっていくということです。

子どもたちは、一人の人間ではありますが、未熟なところがたくさんあります。親や先生が教え導かなければなりません。

でも、その前にもっと大切なことがあります。それは、子どもたちの思いを大人が受け止めるということです。そこからしか、教育は始まらないと思っています。

執筆の途中で、大津のいじめ自殺事件が起こり、マスコミの報道が連日繰り返されました。子どもたちの大人に対する不信と不安が増長されています。どうしても、いじめ問題に対する親と教師の考え方と姿勢を示さなければいけないと考えて、第2章の6節で「笑いをとり違えるな」という内容を加筆しました。

子どもたちは、信頼できる大人に受け止めてもらえることを待っているのです。

子どもを、全身全霊で受け止めましょう。

本書の出版に際し、いつものようにご協力くださった黎明書房のみなさん、たくさんの示唆をくださった先輩の先生方、そして、ぼくに多くのことを教えてくれた子どもたちに、感謝いたします。

※参考文献

伊藤隆二著『こころの教育十四章』日本評論社
シドニー・ローゼン編、中野義行・青木省三監訳『わたしの声はあなたとともに―ミルトン・エ
リクソンのいやしのストーリー』二瓶社
山田邦男他著『東井義雄のこころ』佼成出版社

著者紹介

多賀一郎

神戸大学附属住吉小学校を経て，私立甲南小学校に31年勤務。

元日本私立小学校連合会国語部全国委員長。

元西日本私立小学校連合会国語部代表委員。

教育研究集団新視界クロスオーバー21主宰。

国語研究会「東風の会」所属。

教育の達人セミナー，教師多賀塾など，若い先生を育てる活動に尽力。

公私立の小学校・幼稚園などで講座・講演などを行ったり，親塾や「本の会」など，保護者教育にも，力を入れている。

ホームページ：「多賀マークの教室日記」 http://www.taga169.com/

著書：シリーズ教育の達人に学ぶ①

『子どもの心をゆさぶる多賀一郎の国語の授業の作り方』

教師のための携帯ブックス⑪

『教室で家庭でめっちゃ楽しく学べる国語のネタ63』（共著）

『全員を聞く子どもにする教室の作り方』

（以上，黎明書房）

今《いま》どきの子《こ》どもはこう受《う》け止《と》めるんやで！——親《おや》と先生《せんせい》へ伝《つた》えたいこと

2012年11月25日　初版発行

著　者　多《た》賀《が》一《いち》郎《ろう》
発行者　武馬久仁裕
印　刷　株式会社　一誠社
製　本　協栄製本工業株式会社

発行所　株式会社　黎《れい》明《めい》書《しょ》房《ぼう》

〒460-0002　名古屋市中区丸の内3-6-27 EBSビル　☎052-962-3045
振替・00880-1-59001　FAX052-951-9065
〒101-0047　東京連絡所・千代田区内神田1-4-9 松苗ビル4F
☎03-3268-3470

落丁本・乱丁本はお取替します。　ISBN 978-4-654-01881-9